KB164001

**청소년들의 진로와 직업 탐색을 위한
잡프러포즈 시리즈 56**

세계로 향하는
K-서비스
호텔리어

청소년들의 진로와 직업 탐색을 위한 잡프러포즈 시리즈 56

세계로 향하는
K-서비스
호텔리어

김기섭 지음

성공에 이르는 가장 큰 비결은
결코 지치지 않는 인생을 사는 것이다.

– 알버트 슈바이쳐, Albert Schwetzer –

만약 누군가를 당신 편으로 만들고 싶다면
먼저 당신이 그의 진정한 친구라는 확신을 줘라.

– 에이브라함 링컨, Abraham Lincoln –

C·O·N·T·E·N·T·S

C·O·N·T·E·N·T·S

호텔리어 김기섭의
프러포즈

Propose ──────────────────

휘황찬란한 네온사인의 불빛과 화려한 샹들리에 조명 아래서 정장과 드레스를 입은 남녀 VIP들이 돔 페리뇽 샴페인잔을 들고 만찬을 즐기는 곳.

한 국가의 정상들이 만나 자기 나라의 국익을 위해 치열하게 외교전을 펼치는 곳.

전 세계의 석학과 기업인들이 세계경제포럼에서 새로운 지식과 범세계적 경제문제에 대해 토론하고 국제적 실천과제를 모색하는 곳.

쾌적한 객실에서 편안히 누워, 주는 밥 먹으며 가족들과 세상 편하게 놀고 먹을 수 있는 곳.

이곳이 바로 호텔입니다.

　호텔리어를 꿈꾸는 청소년 여러분, 안녕하세요?

　호텔리어 김기섭입니다. 미래를 살아갈 진정한 주인공인 여러분을 맞이하게 되어 호텔리어인 저의 가슴은 벌써부터 두근거립니다.

　호텔에서 일하는 호텔리어를 어떻게 정의할 수 있을까요? 호텔리어는 이런 행사를 진행하고, 고객이 깨끗하고 쾌적하게 쉴 수 있게 객실을 정비하며, 세상에서 가장 맛있는 음식을 만들어 고객에게 제공하는, 호텔에서 일하는 모든 직원을 말합니다. 모든 직업에 애환이 있겠지만 호텔리어의 생활 역시 많은 희비와 애환이 교차한답니다.

　겉으로 보기엔 화려하지만 또 한편으로는 수수한 호텔, 그 속에서 일하는 호텔리어의 생활은 어떨지 궁금하시죠?

　이제부터 호텔은 어떤 일을 하는 곳이며, 호텔리어는 어떤 일을 하는지 호텔리어의 세계로 여러분을 안내해 드리겠습니다.

Propose

   호텔리어를 꿈꾸는 여러분은 이 책을 통해 '호텔리어는 이런 직업이구나.'라고 생각하며, 본인의 진로에 대해 진지하게 고민하는 시간을 가져보시기 바랍니다.

   청소년기를 '질풍노도의 시기'라고 합니다. 불확실한 미래, 급격한 정신적·신체적 변화, 부모님의 과분한 기대, 성인이 된 후에 사회 적응에 대한 막연한 기대와 불안감… 이 모든 것이 공존하는 혼란스러운 시기입니다.

   하지만 분명한 건, 명확한 목표를 세우고 한 걸음 한 걸음 노력하다 보면 여러분의 마음은 점점 가벼워질 거예요. 또한 여러분의 고민은 이 세상을 살아가는 사람이라면 누구나 하고 있는 고민임을 잊지 말고, 주위 사람들과 많은 대화를 나누길 바랍니다. 그렇게 자기만의 밑그림을 그리기 시작한다면 그 밑그림은 언젠가 여러분의 구체적인 계획이 될 거예요. 그렇게 치열하게 고민하시기 바랍니다.

자, 그럼 이제 미래에 대한 부담에서 벗어나 한걸음 한걸음 천천히 호텔과 호텔리어라는 직업의 세계를 들여다보면서 여러분의 인생 항로를 저와 함께 고민하고 탐색해 볼까요? 저는 이 여행이 정말 기대되고 행복할 것 같습니다. 여러분도 저와 같은 마음이기를 바랍니다.

호텔리어의 손을 잡고 지금부터 같이 여행을 떠나 보시죠.

첫인사

편 – 토크쇼 편집자

김 – 호텔리어 김기섭

🖎 김기섭 대표님, 안녕하세요? 호텔리어로서 30년을 살아오신 대표님과 인터뷰를 진행하게 되어 기쁩니다. 직업인으로서도 대선배님, 인생 경험에서도 대선배님이시네요.

🖎 안녕하세요? 제가 호텔리어로서 정말 오랜 시간을 호텔에서 보냈다는 생각이 드네요. 저의 경험과 연륜이 청소년 여러분에게 도움이 되었으면 좋겠습니다. 선한 영향력을 미치는 선배가 되고 싶네요.

🖎 대표님께서는 현재 여의도 페어몬트Fairmont 호텔의 최고경영자를 맡고 계시고, 과거에는 다른 호텔의 총지배인General Manager까지 역임하셨다고 들었습니다. 청소년들에게 호텔리어라는 직업을 프러포즈 하는 이유가 있나요?

🖎 세상에는 다양한 직업이 존재합니다. 한국고용정보원이 2020년 발간한 『한국직업사전 통합본 제5판』에는 총 16,891개의 직업이 등재되어 있습니다. 그중에서 제가 청소년들에게 호텔리어라는 직업을 프러포즈하는 가장 큰 이유는 커다랗고 다양한 세상을 만날 수 있다는 것입니다. 호텔은 다양한 국가와 인종의 사람들을 만나 교류하고 관계하며 세상을 보는 혜안을 넓힐 수 있는 곳입니다. 그 안에서 일하는 호텔리어는 고객만족을 위해 끊임없이 노력하며

▲ ▲ 한낮의 페어몬트서울호텔 외관

▲ 한밤의 페어몬트서울호텔 외관

출처 : 페어몬트 호텔 홍보 자료

고객들과 호흡하게 됩니다. 그런 수많은 경험을 통해 자아를 실현하고 자신의 비전을 성취해갈 수 있는 매력적인 직업이 호텔리어입니다. '호텔' 하면 가슴이 뛰고 멋져 보이지 않습니까? 가슴 뛰게 만드는 곳에서 일을 하면 얼마나 신나겠어요?

편 대표님, 제가 호텔리어 편을 기획하면서 제일 먼저 떠오른 건 호텔에 가면 마주치는 호텔리어의 단정한 모습이었어요. 좀 엉뚱한 질문일 수도 있지만, 호텔리어들은 어떻게 그렇게 타인에 대한 예의와 공경이 몸에 밸 수 있나요? 연습하는 건가요, 아니면 원래 그런 분들이 호텔리어라는 직업인이 되는 건가요?

김 저는 대부분의 호텔리어는 선천적으로 타인에 대한 예의와 공경이 몸에 배어있다고 생각해요. 그리고 기본적으로 타인을 배려하는 마음이 있어야 한다고 늘 얘기합니다. 혹시라도 그런 마인드가 없이 호텔리어가 되려고 하는 사람은 지금부터라도 그런 인성을 키우기 위해 부단히 노력해야 합니다. 생각을 바꾸고 행동을 바꾸면 인성도 바뀌고 세상이 바뀔 테니까요.

편 첫째 아이의 톡을 우연히 봤는데, 아이들이 자신이 휴가를 보낸 호텔에 대해 대화를 나누더라고요. 아직 어려서 그렇겠지만 호텔이 몇 성급인지, 얼마나 고층인지 이야기하면서 음식 사진을 공유하더라고요.

김 요즘은 가족 단위의 호캉스(영어권에서는 스테이케이션 혹은 호텔 스테이케이션이라 함)를 통해서 어렸을 때부터 호텔을 이용하다 보니 호텔에 대한 이해와 관심이 매우 높습니다. 어릴 때부터 부모님과 같이 호텔을 이용함으로써 호텔에 대해 올바른 이해를 할 수 있다는 것은 매우 긍정적입니다. 만약 호텔에 투숙한다면 호텔의 구석구석을 돌아보고 경험해 보기를 권합니다. 그 호텔의 시설과 서비스 수준, 음식의 맛 등을 체크해 보고, 그렇게 호텔 경험을 넓히다 보면 자기만의 호텔에 대한 기호가 생길 겁니다. 어린 시절부터 부모님과 호텔을 제대로 이용하고 익숙해진다면, 그러한 소중한 경험이 호텔에 대한 이해를 높이고 성인이 되어서도 호텔을 가치있게 이용하게 되는 발판이 될 거라고 생각합니다.

편 기대가 되고 설레는 호텔리어 편입니다. 사람들이 멋진 휴가를 꿈꿀 때 빠지지 않는 호텔, 그 호텔에서 사람들을 맞이하는 호텔리어의 세계로 함께 들어가 보겠습니다.

호텔의
세계

호텔은 어떤 곳인가요?

편 호텔은 어떤 곳인가요? 호텔의 정의부터 말씀해 주세요.

김 호텔 하면 가장 먼저 어떤 이미지가 떠오르시나요? 아마도 이국적인 시설과 음식, 낯선 문화와 사람들, 그렇지만 그 안에서 느껴지는 왠지 모를 편안함이 느껴지지 않나요? 호텔의 정의는 시대의 변화와 시간의 흐름에 따라 지속적으로 변화하고 있음에도 불구하고 변하지 않는 단 하나는 바로 Home away from home, 마치 내 집처럼 편안한 곳을 의미한다는 겁니다. 아울러 호텔의 왕인 세자르 리츠César Ritz는 '호텔은 숙식과 안전을 제공하는 것뿐만 아니라 여가와 오락, 사교, 비즈니스의 장소다.' 라고도 했고요. 그리고 요즘은 호텔이 라이프 스타일을 이끌어간다는 표현을 많이 사용합니다.

앞서 언급했지만 '호텔이 어떤 곳이다' 라는 정의는 시대의 변화에 따라 달라져 왔습니다. 산업혁명 이후의 근대화 시기인 19세기 초중반의 호텔은 단순히 대중에게 안전한 장소에서 숙박과 식사를 제공하는 시설이었어요. 그러나 19세기 후반, 스위스 출신의 호텔리어 세자르 리츠가 유럽의 왕족과 귀족들을 대상으로 호화스러운 시설과 고급 서비스를 제공하는 호텔을 시작하고 유명해지면

세자르 리츠

서 호텔은 숙식과 안전을 제공하는 것뿐만 아니라 여가와 오락, 사교와 비즈니스의 장소로 변모하게 되었지요. 세자르 리츠가 부유한 사람을 대상으로 제공했던 화려한 건물과 인테리어, 고급진 음식과 서비스는 현대 호텔산업에 큰 영향을 끼치게 되어 지금도 호텔은 사람들에게 '고급의 장소', '값비싼 곳', '쉽게 가기 어려운 곳' 등으로 인식되고 있죠.

하지만 최근에는 다양한 가격대의 호텔들이 많이 생기고 있고 온라인 예약사이트 등을 통해 쉽게 이용할 수 있게 되어 과거의 비싸고 소수의 사람들만 방문하는 이미지에서 벗어나 젊은 사람들도 편하게 찾을 수 있는 곳이 되었답니다. 그리고 호텔이라는 곳이 새로운 것들을 먼저 접할 수 있잖아요. 외국 문물이 들어와서 가장 먼저 접합된 산업이고, 제일 먼저 세계화Globalization가 된 비즈니스 분야가 호텔이라고 생각해요. 옛날의 주막이나 여관도 크게는 호텔의 개념이라고 볼 수 있죠. 아무튼, 제가 생각하는 호텔의 개념은 외국 문물이 들어와서 가장 먼저 세계화가 된 산업이고, 운영방식도 가장 빠르게 서구화된 비즈니스라고 생각해요.

호텔을 구분하는 기준이 있나요?

편 호텔을 구분하는 기준이 있나요?

김 호텔의 구분은 분류 기준에 따라 다양하게 나눌 수 있어요. 「관광진흥법 시행규칙 제25조 (호텔업의 등급 결정)」에 따르면 관광호텔업·수상관광호텔업·한국전통호텔업·가족호텔업·소형호텔업 또는 의료관광호텔업 등으로 분류합니다. 한국관광협회중앙회에서 주관하는 호텔 등급 평가에 따라 분류하면 1성급에서 5성급까지로 구분할 수 있습니다. 또한 호텔의 기능에 따라 리조트 호텔, 레지던스 호텔(장기 투숙 전용 호텔), 비즈니스 호텔, 부티크 호텔 등으로 구분할 수도 있답니다. 이 중에 가장 보편적으로 호텔을 구분하는 호텔 등급에 따른 구분에 대해 말씀드릴게요.

우리나라에서 호텔의 등급을 매기기 시작한 것은 1971년, 호텔 서비스의 품질을 높이고 이용자의 합리적인 선택을 돕겠다는 취지로 시작되었어요. 당시에는 지금과 다르게 무궁화의 숫자와 배경의 색깔로 호텔을 특1급, 특2급 등으로 나누었는데요. 우리나라를 방문하는 외국인 관광객이 점차 증가함에 따라 2014년 말부터 국제적으로 통용되는 별을 사용하는 것으로 변경되었습니다.

이러한 등급은 공정성과 신뢰도 확보를 위해 공공기관인 한국관광협회중앙회에서 주관하는 평가를 통해 결정하는데요, 호텔업 등급 결정 사업은 각 기준에 따라 호텔의 등급을 한 개의 별부터 최대 다섯 개의 별까지 매겨 그 호텔의 수준을 대중들이 쉽게 이해할 수 있도록 합니다. 이러한 별의 개수에 따라 이 호텔이 어느 정도 규모인지, 어떠한 시설을 갖추고 있는지, 가격대는 어떠한 지를 유추할 수 있게 되죠. 간혹 본인들이 6성급, 7성급이라고 하는 호텔들도 있는데, 이는 단지 최대 별 개수인 다섯 개를 초과할 정도로 고급스러운 시설과 서비스를 제공한다는 마케팅 용도일 뿐, 공식적으로 가장 높은 등급은 별 다섯 개(오성)입니다. 저도 2004년에 W 호텔을 오픈할 때 6성급 호텔이라고 했어요. 6성이 아니라 6성급입니다. 5성이 최고인데, 우리는 5성을 넘어선 서비스와 시설을 갖추고 있다는 것이죠. 그래서 6성급 호텔로 마케팅을 했고 성공적이었어요. 요즘 버즈 알 아랍Burj Al Arab 같은 곳은 7성급 호텔이라고 얘기하기도 하고 8성급까지도 나오는데, 5성이 최고입니다.

편. 전 세계 공통인가요?

김. 네. 맞습니다.

🔲 어느 나라든 5성급의 기준은 같은가요?

🔲 나라마다 좀 다르기는 하지만 5성으로 분류하는 것은 똑같습니다. 우리나라는 한국관광협회중앙회에서 만든 기준이 있어요. 저도 호텔업 등급 결정 심의위원이지만, 그 기준이 시대에 맞춰 달라져야 하는데 아직도 시대의 변화에 못 따라가는 부분이 많아요.

호텔 성급	기준
1성	침실, 욕조, 조식 및 비상안전시설을 갖춘 기본 숙박시설
2성	1성 기준 + 개인 룸 샤워실, 식음료 부대시설
3성	2성 조건 + 레스토랑 한 개 이상, 로비 라운지 포함
4성	3성 조건 + 레스토랑 두 개 이상, 연회장, 비즈니스센터, 피트니스센터, 열두 시간 룸서비스, 고급 침구 및 가구
5성	4성 조건 + 레스토랑 세 개 이상, 24시간 룸서비스, 최상급 부대시설

예를 들어 요즘은 룸서비스를 이용하는 고객이 많지 않음에도 24시간 룸서비스를 제공해야 한다거나, 모바일로 거의 모든 업무 수행이 가능한 시대에 비즈니스센터가 별도로 설치되어야 한다거나 하는 시대와 동떨어진 기준 같은 것들이죠. 그래서 현재 한국관광협회중앙회를 비롯한 유관기관들이 현실에 맞게 등급 심사 기준을 개정하는 작업을 하고 있습니다.

등급심사 통과 후 페어몬트 호텔 5성 현판식

고객들은 5성급, 6성급에 그렇게 관심이 많지 않아요. SNS 나 후기에 영향을 받는 경우가 더 많거든요. 5성 호텔이나 큰 호텔 을 선호하는 경우는 외국으로 신혼여행을 가거나 처음 해외여행을 갈 때 정도죠. 여행을 가면 호텔에 머무는 시간이 별로 없어요. 자 는 시간 외에는 거의 관광을 나가죠. 호캉스로 호텔에서 상당 시간 머문다면 모를까 그렇지 않으면 깨끗하고 청소만 잘해주면 되니까 요. 이제는 해외 체인 호텔의 브랜드가 국내에도 많이 소개되었고, 블로그나 SNS 등을 통해 각각의 호텔 경영 전문 회사가 가진 브랜드 포트폴리오가 대중화되었어요. 그 호텔이 실제로 국내 기준으로 몇 개의 별을 받았느냐보다 중요한 건, 특정 브랜드가 해당 포트폴리오 안에서 어떠한 등급에 위치해 있는 브랜드인지 즉 럭셔리인지, 프리미엄인지, 업 스케일인지 확인하는 거죠. 그 정보를 통해 대중은 해당 호텔이 추구하는 서비스의 수준을 충분히 예측할 수 있게 되었어요. 그리고 고객들은 그러한 정보를 바탕으로 단순히 비싸고 유명한 호텔이 아니라 본인들의 이용 목적에 알맞은 호텔을 선택할 수 있는 환경이 구축되었습니다.

편 특1급, 특2급은 어떤 등급인가요?

김 1971년 처음 국내 호텔의 등급을 결정하기로 한 후, 2014년 9월까지 총 5단계로 구분했습니다. 가장 높은 등급을 특1급 그다음이 특2급, 그 밑으로 1급, 2급, 3급으로 등급을 정하고 각 등급별로 무궁화 개수를 달리하여 호텔 정문에 무궁화가 새겨진 명판을 붙일 수 있었는데요. 특1급과 특2급은 무궁화 다섯 개, 1급은 네 개, 2급은 세 개 그리고 3급은 두 개의 무궁화를 명판에 넣을 수 있었어요. 특1급과 특2급 호텔은 모두 무궁화 다섯 개를 부여받았지만, 특1급 호텔은 금색 무궁화 명판을 특2급 호텔은 초록색 무궁화 명판을 사용하게 하여 고객들이 구분할 수 있었죠. 그 당시 특1급과 특2급 모두 특급 호텔에 해당되었으나, 평가 점수에는 분명히 차이가 있었답니다.

특1급 호텔의 경우, 우리가 통상 생각하는 '호텔에는 어떤 것이 있다'라고 하는 것들이 모두 갖춰져 있어요. 많은 개수의 객실, 다양한 국적의 요리를 취급하는 고급 레스토랑, 다양한 음료와 디저트를 판매하는 라운지, 여가를 즐기기 위해 필요한 수영장, 체련장, 사우나, 스파 등은 물론, 큰 규모의 국제적인 행사나 결혼식 등을 유치할 수 있는 대형 연회장, 개인 사무 공간처럼 활용 가능한

호텔의 다양한 시설 : 휘트니스센터

호텔의 다양한 시설 : 야외 테라스

다양한 크기의 미팅룸과 비즈니스센터 등 다양한 시설을 운영하고 있어요.

그에 반해 특2급은 호텔의 규모가 상대적으로 작고 한정된 식음료 서비스만 제공하며 기타 편의시설도 부족하여 오직 숙박과 기본적인 식사에만 집중하고 있어요. 그래서 특1급 호텔은 주로 호캉스 등의 여가를 목적으로 하는 고객, 또는 다국적 기업의 고위급 임원들이나 유명인들이 다양한 목적으로 많이 사용하는 편이고, 특2급 호텔은 주로 비즈니스 목적을 위해 해당 지역을 방문하거나, 해당 지역의 관광을 목적으로 단순히 숙박만을 필요로 하는 관광객들이 많이 이용하는 편이에요. 하지만 이렇게 무궁화 개수로 등급을 표시하는 곳은 우리나라밖에 없었기에 외국인들에게 너무 생소했죠. 그래서 전 세계적으로 통용되는 별의 개수로 호텔 등급을 구분하도록 개정했고, 지금까지도 호텔 등급을 결정하는데 사용하고 있답니다.

참고로 호텔 등급은 3년에 한 번씩 재평가를 받아야 하며, 이 평가는 현재 한국관광협회중앙회에서 주관하여 시행합니다. 평가위원은 호텔 관련 대학 교수님들과 학계, 호텔업계분들로 구성되어 있습니다.

편 대표님께서는 해외여행을 가실 때 어떤 기준으로 호텔을 정하세요?

김 아내와 해외에 갈 때는 아내가 인터넷에서 조건에 맞는 호텔을 찾고 예약을 한답니다. 체인이냐 아니냐, 몇 성급이냐 이런 건 신경을 잘 안 써요. 비즈니스로 가면 제가 근무하는 브랜드의 체인 호텔을 가기도 하지만, 개인적으로 몰디브나 푸켓 같은 휴양지에 갈 때는 관광지라서 호텔들이 다 괜찮기도 하고 어차피 아침 일찍 나와서 저녁에 들어가잖아요. 그래서 그냥 저렴한 호텔에 갑니다.^^

태국 크라비 출장중 잠깐의 휴식(2010년)

호텔이 제일 발달한 나라는 어느 나라인가요?

편 호텔이 제일 발달한 나라는 어느 나라인가요?

김 아무래도 미국과 유럽이죠. 아코르Accor는 프랑스에서 시작했고, 메리어트는 미국에서 시작했으며, 페어몬트는 캐나다에서 시작했지만 아코르에서 인수했어요. 그리고 라스베이거스에 가면 2천 실이 넘는 화려하고 큰 호텔들이 많잖아요. 그래서 어느 나라, 어느 지역의 호텔이 더 낫고 발전했다고 하기는 어렵습니다. 전부 글로벌 체인이거든요.

편 보통 관광산업이 발달한 나라에 호텔이 많이 몰려있나요?

김 반은 맞고 반은 틀립니다. 호텔을 이용하는 대부분의 고객이 관광객이긴 하지만 지금과 같은 글로벌 시대에는 비즈니스를 목적으로 호텔을 이용하는 고객도 매우 많기 때문이지요. 따라서 세계적으로 유명한 관광지가 있는 태국, 필리핀, 프랑스, 스페인은 물론이거니와, 상대적으로 관광보다 비즈니스 방문객이 더 많은 유럽 국가들, 일본, 중국, 러시아, 그리고 중동 국가들의 주요 도시에도 수많은 브랜드의 호텔들이 운영되고 있습니다. 이렇게 관광 또는

드라마 '도깨비'의 배경이 된 캐나다 퀘백의 페어몬트 샤또 프롱드낙 호텔

출처 : 구글 공식 홈페이지

비즈니스로 국제적인 관심을 받고, 외국인 방문객이 많이 찾는 도시에는 세계적인 브랜드의 다양한 호텔들이 운영되고 있어요. 고무적인 것은 우리나라에도 세계적인 브랜드의 호텔들이 많이 진출하고 있다는 거예요. 서울뿐 아니라 그 외의 지역으로도 진출하고 있고요. 지금 제가 대표이사로 몸담고 있는 페어몬트 앰배서더 서울은 100년이 넘는 페어몬트 브랜드가 처음으로 한국에 진출한 사례이며, 그밖에 메리어트Marriott International, 하얏트Hyatt 등 다양한 호텔 경영 전문 회사의 최고급 브랜드들이 서울은 물론 부산, 제주

등 우리나라의 다양한 지역으로 확장하는 것은 분명 우리 후배들에게 고무적인 일이라고 생각합니다. 그만큼 우리나라의 주요 도시들이 세계적으로 주목을 받는 장소로 발돋움하고 있다는 증거니까요.

호텔에도 순위가 있나요?

편 호텔에도 순위가 있나요?

김 호텔업 등급 결정과 같이 공식적인 방법으로 호텔의 순위를 매기지는 않아요. 그러나 트립어드바이저(www.tripadvisor.com) 같은 여행 안내 및 온라인 예약시스템을 제공하는 회사들이 호텔 이용자의 리뷰와 점수에 따라 호텔의 순위를 매기고, 이를 대중이 확인하여 호텔을 선택하는데 참고할 수 있도록 하는 사례가 있습니다. 또는 해외 체인 호텔의 경우, 고객들의 피드백을 바탕으로 서비스를 개선하고 발전시키고자 고객 경험 관리 전문 회사를 통해 고객만족도를 파악하곤 하는데, 이러한 과정에서 산출되는 점수에 따라 호텔 내부에서만 확인 가능한 순위가 매겨지곤 합니다. 그러나 앞서 말했듯이 이러한 순위가 반드시 호텔의 우열을 따지는 기준이 되는 것은 아니며, 모든 호텔은 자기들 나름대로 고객에게 최상의 시설과 서비스를 제공하여 고객만족을 이루기 위해 부단히 노력하고 있습니다.

호텔의 역사에 대해서 알려주세요.

편 호텔의 역사에 대해서 알려주세요.

김 호텔의 역사를 알기 위해서는 먼저 숙박업의 역사를 알아야 합니다. 고대 로마제국은 드넓은 영토를 효율적으로 지배하기 위해 각 지역을 연결하는 도로를 닦았는데, 도로를 건설함과 동시에 사람이 하루에 걸을 수 있는 거리인 20마일마다 먹고 잘 수 있는 공간을 하나씩 마련해 두었어요. 이것이 바로 서양에서 유추하는 숙박시설의 기원입니다. 이후 중세시대에는 성지 순례자나 수도자를 위한 수도원이 숙박시설의 역할을 하였으며, 15세기 이후 영국에서 여관업Inn 등록이 제도화되며 약 600여 곳의 등록 여관이 객실, 주방, 공용 공간, 마구간, 창고 등을 갖추고 영업을 시작하게 되었습니다.

이후 1768년, 영국 엑서터 지역에 문을 연 고급화된 숙박업소가 광고에 처음으로 '호텔'이라는 단어를 사용하기 시작하면서 호텔은 일반적인 숙박시설인 여관보다 고급화된 숙박시설을 뜻하게 되죠. 이 숙박업소는 1801년부터 로열 클라렌스 호텔이라는 이름을 달고 단순한 숙박 공간 이외에도 방문자를 위한 커피 서비스를

대불호텔 전경

제공하고 무도회나 콘서트 등을 개최하며 귀족들의 사교공간으로 거듭나게 되었지요.

아울러 호텔의 역사를 논할 때 절대 빼놓을 수 없는 인물이 바로 '호텔왕'이라 불리는 세자르 리츠입니다. 스위스 시골 마을에서 농부의 아들로 태어난 세자르 리츠는 아버지의 뜻에 따라 도시로 이주하여 고급 레스토랑에서 근무하던 중, 그의 재능을 알아본 스위스 건축가이자 호텔리어였던 맥스 파이퍼로부터 호텔 운영을 제안받고 루체른의 그랜드 호텔 지배인으로 근무하게 됩니다. 특히 귀족을 비롯한 부유한 고객을 영리하게 대할 줄 알았던 그는 고객들이 원하는 바를 정확히 꿰뚫고 호텔을 고급화시킴은 물론, 고객들이 원하는 서비스를 제공하여 럭셔리 호텔 서비스의 선구자로 거듭나게 되었고 현대의 호텔산업에 지대한 영향을 끼치게 되었죠. 그가 총지배인으로 근무했던 런던의 사보이호텔을 비롯해 직접 개장한 호텔인 더 리츠 파리, 더 리츠 런던 등은 현재까지도 세계 최고급 호텔로 손꼽힙니다.

이러한 역사를 바탕으로 현재는 많은 글로벌 호텔 체인이 등장했고, 그들이 지금까지 운영해온 노하우를 기반으로 다양한 고객의 수많은 니즈Needs를 충족시키기 위한 수많은 브랜드의 호텔들이 운영되고 있어요. 이렇게 호텔산업은 복잡하고 다양하게 발전하고 있습니다.

글로벌 호텔 체인은 어떻게 구축된 건가요?

편 글로벌 호텔 체인은 어떻게 구축된 건가요?

김 브랜드 호텔은 무형자산Intangible Asset으로 수익을 창출해요. 매뉴얼을 가지고 브랜드와 호텔 운영 역량만 파는 거죠. 아코르의 경우에도 페어몬트, 소피텔, 스위스텔 등 브랜드가 29개나 됩니다. 호텔을 직접 짓는 경우는 매우 드물지요. 브랜드만 팔고 총지배인을 파견해서 운영하게 하니까 무조건 흑자죠. 건물 등 하드웨어와 각종 투자에 들어가는 비용은 호텔 소유주가 모두 투자하는 거예요. 페어몬트, 하얏트, 메리어트, 힐튼Hilton 같은 브랜드사를 운영사, 즉 오퍼레이터Operator라고 해요. 국내 로컬 브랜드인 신라호텔 같은 곳을 제외하고 우리나라에 들어와 있는 호텔들은 거의 글로벌 체인 호텔이죠. 글로벌 체인들과 운영 계약을 맺는다는 건 그들의 브랜드를 들여오면서, "나는 호텔 운영 역량이 부족하니 나대신 호텔을 맡아서 운영해 수익을 내주세요."라는 의미예요. 글로벌 체인의 호텔들은 이런 매니지먼트 계약에 의해서 우리나라에 들어와 있는 거예요.

호텔산업은 호텔 시설을 지어야 하고, 큰 투자비용이 들어가니까 아무나 섣불리 시작할 수 없어요. 그래서 소유주가 호텔을 지으면서 각 글로벌 브랜드 체인에게 제안을 받습니다. 어떤 수준 Grade으로 약 몇 개의 객실을 어떻게 지을 예정이니 당신들의 브랜드를 제안해 보라고 말이죠. 그럼 각 글로벌 체인에서 파크 하얏트, JW 메리어트, 그랜드 인터컨티넨탈, 페어몬트 같은 브랜드를 제안하고, 소유주에게 조건을 제시합니다. 여기서 말하는 조건은 수수료예요. 운영사에서는 수수료를 통해서 수익을 창출하니까요. 전체 매출액의 몇 퍼센트, 한 객실 당 몇 퍼센트, 마케팅비는 얼마인지 구체적으로 제시하죠. 그 오퍼Offer의 내용을 보고 소유주가 매출 대비 비용을 계산해서 어느 브랜드로 할지 결정합니다. 하고 싶은 브랜드가 있어도 비용이 너무 많이 들면 할 수 없으니까요. 그렇게 호텔 등급을 붙이고 브랜드를 들이게 됩니다.

이렇게 하나의 호텔이 만들어지면 운영사는 자신들의 운영 노하우, 시스템, 마케팅 기법, 글로벌 예약시스템은 물론 충성고객 관리 프로그램의 운영 등을 통해 호텔의 소유주에게 최대의 이익을 제공하기 위해 노력합니다. 단위 호텔에서 이익이 증가하는 만큼 자신들이 호텔 소유주로부터 받게 되는 수수료 또한 증가하게 되니 최선을 다해 소유주에게 수익이 발생할 수 있도록 노력을 하게 되지요. 이렇게 소유주와 운영사는 상호 간의 수익 창출을 위해 서로 협조하며 최고의 호텔을 만들기 위해 협업하고 있습니다.

우리나라 호텔 서비스의 수준은 어떤가요?

편 우리나라 호텔 서비스의 수준은 어떤가요?

김 저는 세계 최고라고 생각해요. 호텔뿐만 아니라 대한항공, 아시아나 같은 항공 서비스도 마찬가지고요. 저는 K-서비스라고 표현하는데요. 우리나라의 서비스는 세계 최고의 서비스거든요. 그런데 안타까운 건, 이렇게 훌륭한 서비스를 제공하고 나름 운영의 노하우도 갖고 있는 국내의 로컬 호텔들이 글로벌 체인처럼 브랜드와 운영 노하우를 파는 게 아니라 자기가 많은 돈을 투자해서 호텔을 짓는다는 거예요. 호텔은 초기 투자비용이 워낙 많이 들기 때문에 투자비 회수가 잘 안 되거든요. 그 부분이 좀 안타까워요.

반면에 앞에서 말씀드린 대로 브랜드 호텔들은 브랜드라는 무형자산으로 운영에 대한 수익을 창출해 내니까 너무 좋죠. 1997년 말, IMF 당시에 인터넷 비즈니스, 글로벌라이제이션, 고객만족 같은 것들이 화두였어요. 그때 한국적인 체인 호텔을 만들고 싶다는 꿈을 실현하려고 진행하다가 결국 못했는데 항상 아쉬움이 있습니다.

편 K-서비스! 멋지네요. 수많은 K-콘텐츠가 세계로 뻗어 나갔는데, 대표님 말씀대로 K-서비스만 나아가질 못했네요.

김 저는 우리나라의 호텔리어들이 K-푸드, K-서비스를 녹여서 만든 우리만의 브랜드로 글로벌 호텔 체인을 만들어 충분히 운영할 수 있는 역량이 된다고 생각하거든요. 이것은 이제 우리 후배들의 숙제로 남겨둬야 할 듯하네요.

▲▲ K-푸드 : 한식의 세계화

▲ K-푸드 : 한식의 세계화(국산 캐비어 상품화)

출처 : 페어몬트 호텔 홍보 자료

호텔은 우리 삶에 어떤 의미가 있을까요?

🔲 호텔은 우리 삶에 어떤 의미가 있을까요? 왜 사람들은 호텔을 좋아하는 걸까요?

🔲 일반적으로 우리는 호텔을 새로운 도시 또는 다른 나라를 방문할 때 숙박을 목적으로 이용하는 시설로 인식하고 있어요. 그러나 앞서 이야기했듯이 현대의 호텔은 단순 숙박시설의 기능을 넘어 미식을 즐기는 장소, 사교활동의 무대가 되는 장소이자 건강과 웰빙Well-Being을 추구할 수 있는 복합 문화 공간 시설이며, 다양한 규모의 비즈니스, 연회행사, 결혼식, 가족모임 등이 가능한 장소의 역할을 담당하고 있습니다.

이렇게 다양한 역할을 수행하며 호텔은 지금도 많은 고객들에게 특별한 의미를 제공하고 있죠. 누군가에게는 가족과 함께 휴식을 취할 수 있는 여가의 장소로, 또 누군가에게는 성공적인 비즈니스를 이룰 수 있었던 장소, 다른 누군가에게는 평생 기억에 남는 프러포즈의 장소 등으로 기억에 남으며 우리의 삶을 더욱 풍요롭게 해주는 공간으로서 의미를 가집니다. 이제 호텔은 우리 생활에서 빠질 수 없는 곳이 되었어요. 결혼식, 돌잔치 같은 각종 행사도 호

▲▲ 호텔의 다양한 행사 : 결혼식

출처 : 페어몬트 호텔 홍보 자료

▲ 호텔의 다양한 행사2 : 돌잔치

텔에서 많이 합니다. 저는 호텔이 사람의 욕망을 충족시켜주는 장소라고 생각해요. 그리고 호캉스나 여행을 통해서 호텔이라는 공간이 대중에게 많이 친숙해지기도 했고요.

편 우리 삶의 배경, 즉 무대가 되는 장소로서 우리 삶에서 정말 특별한 의미가 있네요.

김 같은 이벤트를 하더라도 어느 장소에서 하느냐에 따라 가치가 달라진다고 생각해요. 우리가 인생을 살면서 어떠한 이벤트를 할 때 위치나 비용, 그밖에 장소를 선택하는 조건을 단편적으로만 생각한다면 호텔이 그리 접근하기 쉬운 곳은 아닐 수 있어요. 특히 비용적인 부담이 크겠죠. 그러나 모든 조건을 복합적으로 놓고 보면, 특히 고품질의 서비스가 존재의 목적인 호텔에서 이벤트를 하고 나면 그 결과는 돈으로 환산할 수 없을 만큼의 가치를 가지게 될 겁니다. 지금 호텔에서 근무하고 있는 수많은 호텔리어들은 과거에 자신들과 함께했고 앞으로도 함께할 고객들이 만족감을 느끼고, 행복하고 특별한 기억을 가지고 살 수 있도록 하루하루 노력하며 근무하고 있다는 점을 알아주시면 좋겠어요.

호텔이 국가의 이미지와도 관련이 있을까요?

편 호텔이 국가의 이미지와도 관련이 있을까요? 개인적으로 어떻게 생각하세요?

김 네. 관련이 깊다고 생각합니다. 국가 행사도 어느 장소에서 하느냐가 중요하잖아요. 2022년 정부 취임식 만찬도 신라호텔 영빈관에서 했고요. 우리나라도 이 정도 수준의 호텔을 갖고 있다는 걸 보여줄 수 있는 기회니까요. 그래서 워커힐호텔이나 신라호텔 중

출처 : 페어몬트 호텔 홍보 자료

세팅된 연회장

바오젠그룹 여수 행사 : 단일 행사 국내 최대 규모(2014년)

에 고민했을 것이고, 신라호텔에 영빈관이 있고 서울 중심에서 가까우니까 선택됐겠죠. 우리나라에는 삼성이나 SK하이닉스처럼 해외에서 인지도가 높은 기업들이 있지만, 호텔은 해외에 많이 알려져 있지 않거든요. 그래서 세계화하고 체인화해서 밖으로 나가야 한다고 생각해요. 호텔 자체는 일찌감치 서구문물과 만난 작품임에도 불구하고 우리는 아직 우물 안에만 갇혀 있어요.

호텔 서비스는 어떻게 구성되어 있나요?

편 호텔 서비스는 어떻게 구성되어 있나요?

김 호텔은 크게 객실 서비스와 식음료 서비스로 구성되어 있습니다. 객실 서비스는 호텔에 투숙하는 고객이 사용하는 객실과 연관된 모든 서비스를 가리키며, 식음료 서비스는 투숙하는 고객뿐 아니라 호텔에 투숙하지 않더라도 누구나 이용할 수 있는 호텔의 레스토랑, 라운지 또는 바 등에서 제공하는 서비스예요.

호텔에서 제공하는 객실 서비스는 다음과 같습니다.

1. 예약과 등록 객실의 예약 및 등록 서비스 제공
2. 안내 고객이 필요로 하는 호텔 정보 및 인근 지역에 대한 안내 서비스 제공
3. 편의 발레파킹, 환전, 컨시어지 서비스 등 호텔 이용 시 또는 해당 지역에서 체류하는 동안 필요한 편의 서비스 제공
4. 객실정비 투숙 기간 중 객실 청소, 린넨 교체 및 턴다운 서비스 제공
5. 기타 고객의 요청에 따라 공기청정기, 영유아의 숙박에 필

▲▲ 다양한 호텔 객실 : 페어몬트호텔 스위드룸 전경

출처 : 페어몬트 호텔 홍보 자료 ▲ 다양한 호텔 객실 : 페어몬트호텔 팬트하우스 전경

요한 아기 침대, 젖병소독기 등의 편의용품 제공

또한 호텔의 등급과 규모에 따라 약간의 차이는 있을 수 있으나, 대부분의 호텔은 아래와 같은 식음료 서비스를 제공합니다.

1. 올 데이 다이닝All-Day Dinning 아침 조식부터 저녁식사까지 고객이 원하는 시간에 언제든 식사를 할 수 있는 레스토랑
2. 룸서비스 호텔 투숙객에게 제공되는 객실 내 식음료 서비스
3. 라운지 커피, 차와 같은 음료를 비롯해 간단한 식사, 디저트 등을 제공하는 공간
4. 시그니처 레스토랑 보통 점심과 저녁식사를 제공하며 양식, 중식, 일식 등의 코스 요리 제공
5. 바 저녁부터 심야시간까지 각종 주류, 칵테일, 와인 등과 간단한 안주 제공

편 호텔에서 빼놓을 수 없는 게 호텔 뷔페인 것 같아요. 인기가 정말 많지 않나요?

김 우리나라 사람들은 특히 뷔페식당을 좋아해요. 다양하게 많은 것을 먹을 수 있으니까요. 사실 엄밀히 말하면 뷔페식당은 호텔 서

▲▲ 호텔의 다양한 시설 : 라운지 전경

▲ 호텔의 다양한 시설 : Bar 전경

호텔의 다양한 시설 : 뷔페식당 전경

비스가 아니에요. 왜냐하면 고객이 직접 가져다 먹잖아요. 1인당 가격도 상당히 높은 편이고요. 그래도 호텔 뷔페가 굉장히 잘 돼요. 사실 뷔페는 운영하는 측에서 크게 수익이 나지 않아요. 식재료의 비용이 매출의 약 45~50퍼센트를 차지하고, 인건비까지 계산하면 수익성은 낮죠. 그래도 고객이 선호하니까 계속하는 거예요. 과거 에는 뷔페식당이 사양이어서 호텔에서도 점점 사라지는 분위기였 어요. 그런데 제가 근무하던 호텔에서 발상의 전환을 시도했죠. 기 존의 뷔페는 이미 만들어진 음식을 가져다 먹는 거였는데, 일부 음식을 고객들이 보는 앞에서 직접 조리하고 제공하면서 볼륨을 키웠어요. 고객들이 거기에 환호하고 많이 유입되었죠. 그래서 뷔페식당이 사라지는 추세였다가 다시 활성화되었어요.

편 호텔의 다이닝 서비스는 어떤 장점이 있나요?

김 정중하게 대접받는 서비스이기 때문에 뷔페와는 다르죠. 저희 페어몬트 호텔도 뷔페식당과 양식당을 모두 운영하고 있는데, 선호층이 다른 것 같아요. 다른 사람들과 섞이지 않기를 원하거나 차별화된 서비스와 대접을 받고 싶어 하는 분들은 양식당을 선호하세요. 다양하게 여러 음식을 즐기길 원하는 분들은 뷔페식당을 선호하고요. 취향의 차이인 것 같습니다.

호텔의 콘셉트는 미리 정하는 건가요?

편 호텔이 오픈할 때 콘셉트를 미리 정하나요?

김 맞아요. 주 고객층이 누구냐에 따라 서비스와 제공하는 것들이 달라져요. 그에 맞는 호텔 체인 브랜드 선택도 동시에 이뤄져야 하는데, 우리나라는 일단 건물부터 짓고 나중에 브랜드를 선택하려고 해요. 그렇게 되면 브랜드와 호텔의 콘셉트가 안 맞는 경우가 많죠. 호텔을 처음 시작할 때 하이엔드High-End, 미들Middle, 미들로우Middle-Low 중 어떤 고객을 타깃Target으로 할 거냐에 따라 지으면 되거든요. 미들이나 미들 로우로 정하면 너무 고급스럽게 짓지 않아도 되고, 하이엔드로 정하면 더 신경 써야겠죠. 그런데 콘셉트가 잡히지 않은 상태에서 일단 짓고 보니까 군이 하지 않아도 될 것들에 투자하고, 또는 더 필요한 부분에서 부족한 결과물이 나오는 거예요.

호텔의 사용료는 어떻게 책정되나요?

📧 호텔의 사용료는 어떻게 책정되나요?

🗨 호텔이 판매하는 객실, 연회 또는 레스토랑의 좌석이라는 상품은 우리가 일반적으로 소비하는 공산품과는 다른 특징을 가지고 있어요. 바로 '한계성'과 '소멸성'이라는 특징인데요, 한계성이란 판매할 수 있는 제품의 수량이 한정되어 있어 하루에 아무리 많은 수요가 발생한다고 해도 결국 판매할 수 있는 상품은 한계가 있다는 것, 그리고 소멸성이란 당일 판매하지 못한 상품은 저장이 불가능하여 그대로 사라져버린다는 것을 뜻합니다. 요일과 시기마다 각기 수요가 다른 게 호텔의 특성이에요. 그래서 호텔의 사용료는 당일 수요의 정도에 따라 결정되게 됩니다.

대부분의 호텔들은 가격을 책정할 때 크게 세 가지 기준에 따라 결정합니다.

첫째, 호텔 내 부대시설의 숫자 및 규모, 객실 사이즈 및 제공 서비스 등 전반적인 호텔의 외적인 요소에 따라 기본 가격을 정합니다. 부대시설 및 서비스 등이 더 많이 제공될수록 고객의 선택 옵션이 많아지는데 이는 곧 가격과도 직접적인 연관이 되죠. 제공할 수 있는 서비스 종류 및 수준, 예를 들면 24시간 룸서비스를 제공하는지, 게스트 전용 라운지 서비스가 있는지에 따라 가격의 차등이 결정돼요.

둘째, 시즌별 고객 수요에 따라 가격이 결정됩니다. 예를 들어 레저 수요가 많은 여름 시즌에는 야외수영장이 있는 호텔이 그렇지 않은 호텔에 비해 수영장 같은 부대시설에 대한 고객 수요가 높기 때문에 객실 가격이 높게 책정될 수밖에 없어요. 반대로 겨울 시즌에는 수영장을 운영하지 않기 때문에 상대적으로 가격을 낮게 책정하고요.

셋째, 외부환경도 가격을 결정하는 요인 중 하나입니다. 호텔은 매출을 창출해야 하는 서비스 기업이에요. 성수기, 비수기에 가격을 다르게 해서 이윤을 극대화해야죠. 특히 비즈니스 호텔의 경우 기업행사가 많은 봄, 가을 시즌에는 인근 기업들의 호텔 수요가 많아지기 때문에 당연히 가격을 올려서 판매하고요. 추가로 식자재가 인상되거나 인건비가 올라갈 경우, 주변 경쟁호텔에서 가격을 인상하는 것도 가격정책에 영향을 미치는 요인이에요.

호텔 이용료는 매일 다른가요?

편 호텔 예약사이트에 가보면 가격이 매일 다르게 표시돼요. 실시간으로 가격을 입력하는 것 같아요.

김 OTAOnline Travel Agency의 영향을 많이 받습니다. OTA 플랫폼이 보통 15퍼센트에서 많게는 20퍼센트까지 수수료를 받거든요. 기본적으로 호텔 비즈니스는 객실을 채우는 게 목표입니다. 시간과 공간을 파는 거니까 A, B, C, D 호텔이 OTA에 같은 날 가격을 올리면, 고객들은 가격에 민감해서 천 원, 2천 원에도 우르르 이동하거든요. 그래서 담당자들이 실시간으로 모니터링하면서 다른 호텔의 가격 변동 추이를 유심히 살피죠. 실제로 눈치작전이 극심한 편이에요.^^

편 정가는 존재하지 않는 거네요.

김 호텔 가격도 당연히 정가가 존재합니다. 한때는 호텔 가격을 정부에 신고하는 경우도 있었지요. 하지만 OTA 플랫폼이 나온 뒤에는 정가의 개념이 필요치 않게 되었어요. 고객의 입장에서 볼 때 실시간으로 가격비교를 통해 비슷한 등급, 시설, 서비스의 호텔이라면 한 푼이라도 저렴한 호텔을 이용하는 것이 이익일 테니까요. 따라서 호텔들은 가급적 호텔에 직접 예약하는 고객들에게 더 많은 혜택을 주기 위해 노력하죠. 어차피 발생하는 비용이면 OTA 플랫폼에 주는 것보다 고객에게 제공하는 게 좋잖아요.

호텔산업은 세계정세에 많은 영향을 받을 것 같아요.

편 호텔산업은 세계정세에 많은 영향을 받을 것 같아요.

김 우리나라의 호텔과 관광산업에 영향을 끼치는 두 가지가 전염병과 북핵이에요. 북한에서 미사일을 실험하거나 발사하면 외국 관광객의 유입이 감소하죠. 일본 관광객은 더 민감하고요. 사실 우리는 크게 신경 쓰지 않잖아요. 우리나라 관광산업에서 개선해야 할 점이 있다면 고객구조가 일본과 중국에 치우쳐 있다는 거예요. 사드THAAD, 지상 발사 탄도탄 요격 미사일 체계가 문제가 되어 한중의 관계가 악화됐고, 그로 인해 중국 관광객이 싹 빠졌어요. 관광산업이 전반적으로 다 무너졌고, 거기에 엎친 데 덮친 격으로 코로나까지 와서 완전 초상집 분위기였죠. 이제야 조금씩 외국인들이 들어오고는 있지만 아직 많지는 않아요. 하지만 지금은 호텔의 문턱이 굉장히 낮아졌죠. 특히 OTA 플랫폼들이 출현하면서 더욱 그렇게 됐고요. 그리고 이번에 코로나 팬데믹을 거치면서도 전반적으로 호텔의 문턱이 많이 낮춰졌어요. 반면 이미지도 많이 떨어졌죠.

호텔은 이미지 산업이고 나름대로 프리미엄 한 라이프 스타일을 이끌어 왔는데, 코로나 상황에서 온라인이나 홈쇼핑 등 더 다양

페어몬트 호텔 오프닝 기자회견

한 방법으로 접근할 수 있게 됐거든요. 문턱이 낮아진다는 건 좋지만, 그러면서 프리미엄이라는 이미지가 급격하게 떨어졌어요. 그런 부분은 조금 아쉽다고 생각해요.

편 예전에는 사람들이 호텔을 어렵게 느꼈는데 지금은 친숙하게 느끼잖아요.

김 맞습니다. 이제는 호캉스라는 말도 친숙하게 많이 쓰죠. 사실은 소비자와 공급자의 입장이 다를 수밖에 없잖아요. 공급자 입장에서 호캉스 고객층은 비용도 많이 들고 여러 가지 고려해야 하는 사항들도 많아서 힘든 고객군으로 분류요. 하지만 지금은 외국에서 고객들이 거의 안 들어오기 때문에 호캉스 시장밖에 없긴 합니다. 이제 코로나 팬데믹의 정점이 지나면서 고객들이 조금씩 움직이기 시작했지만, 고객구조가 코로나 이전과는 달라졌죠. 아무래도 호텔은 외국인 관광객들의 주머니가 열리는 게 좋다고 생각하거든요. 내국인 고객들이 많이 오는 것도 좋지만, 고객층이나 수요에서 우려되는 부분들이 있어요.

호텔은 차이에 상관없이 모두가 머무는 곳이네요.

편 호텔은 국가나 인종, 종교에 상관없이 모든 사람들이 머무는 곳이네요.

김 맞아요. 그래서 호텔리어는 항상 중립적이어야 해요. 종교나 정치, 인종, 국제 현안 등과 관련해서 어떤 치우침도 없이 중립을 지켜야 하죠. 정말 다양한 가치관을 지니는 고객들이 오거든요. 불교 신자, 가톨릭 신자, 개신교, 이슬람교도 등 모든 사람이 차별 없이 머무는 곳이 호텔입니다. 정치도 마찬가지예요. 내가 지지하지 않는 정당의 사람이 왔다고 서비스를 안 할 순 없잖아요. 철저히 중립적인 입장에서 모든 고객을 응대해야 합니다. 호텔리어는 어떠한 고객이건 우리를 찾아주는 고객에게 호텔이 추구하는 최고의 서비스를 제공하기 위해 노력해요. 그리고 고객이 행복감을 느끼는 것에서 직업적 만족감과 삶의 행복감을 찾는 사람들이에요. 그렇기 때문에 어떤 고객이 호텔을 찾아오더라도 항상 최선을 다해 그들을 응대하지요.

호텔은 앞으로 어떻게 변할까요?

📭 호텔은 앞으로 어떻게 변할까요?

🔒 서비스 산업의 특성상 그동안 호텔은 대부분의 업무를 사람이 직접 수행하는 노동집약적 구조를 가지고 있었습니다. 그러나 정보통신기술이 발전함에 따라 호텔 내 다양한 업무 분야에도 첨단 기술이 도입될 것으로 예상되며, 실제로 이미 많은 호텔에서 무인 체크인/아웃 카운터, 서빙 로봇, 모바일 줄서기 등의 기술을 도입하여 더욱 효율적인 고객서비스를 제공하기 위해 노력하고 있어요. 이러한 선진화된 정보통신기술을 호텔 내 다양한 분야에 적용함으로써 호텔은 시대의 흐름에 따라 점차 감소하는 노동인구를 대체하기 위한 준비를 할 수 있어요. 물론 기계로 대체할 수 없고 오직 사람만이 해낼 수 있는 업무를 미리부터 정의하고, 이를 고도화하여 더 높은 수준의 고객서비스를 달성할 수 있을 것이라 기대합니다. 기술이 발전하더라도 호텔은 인적서비스를 제공하기 때문에 로봇이 투입되는 분야가 제한적일 거예요. 만약에 로봇과 기계를 전면적으로 도입하는 호텔이 있다면, 미들 로우 정도겠죠. 인건비를 아껴야 하는 곳들이요. 고급 호텔들은 오히려 사람이 계속 서비스하는 형태

로 갈 것 같습니다. 자연스럽게 이원화될 것으로 생각해요.

또한, 호텔의 식음시설은 예전보다 많이 줄고 있습니다. 레스토랑 외에도 고객들이 다양한 선택을 할 수 있도록 객실이나 다른 부대시설을 강화하고 차별화함으로써 수익률을 더 높이는데 중점을 두고 있어요. 이제 호텔은 단순히 숙박이나 서비스를 제공하는 곳이 아니라, 누구나 가치 있는 경험을 하고 삶의 만족도를 높이며 스토리가 만들어지는 곳으로 바뀔 것 같아요. 이전에도 그랬지만 디지털화 속도가 빨라지면서 호텔의 변화도 더욱 가속화하겠죠.

출처 : 롯데호텔   호텔 서비스로봇

편 호텔 및 관광산업이 앞으로 더 발전할 거라고 생각하시나요?

김 여의도 페어몬트 호텔을 오픈할 때 제가 기자회견을 한 적이 있어요. 유튜브에 페어몬트를 검색하면 영상이 나옵니다. 코로나 이후의 호텔 및 관광산업에 대한 질문이 있어서 제가 대답한 부분인데요. 저는 앞으로 외국인 관광객들이 더 많이 올 거라고 얘기했어요. 넷플릭스를 통해서 〈오징어 게임〉이 성공했고, 전 세계 유튜브나 여러 매체에서 K-푸드도 뜨고 있어요. 외국인들은 소주나 갈비, 떡볶이 같은 K-푸드도 먹어보고 싶고, BTS의 나라에 가보고 싶고, 이태원도 가보고 싶어 해요. 물론 아직은 전 세계가 조심스럽죠. 어렵게 일상을 찾아가고 있고, 새로운 전염병도 문제가 되고 있으니까요. 그런 부분들이 풀리고 좋아진다면 호텔 및 관광산업은 다시 호황기를 맞이할 거라 생각해요. 특히 중국의 단체 관광객이 사드 이전만큼 유입된다면 앞으로 정말 유망한 업종이 될 거예요.

편 이 책을 보는 학생들은 부모님을 따라서 숙소 정도로 이용했던 호텔의 세계가 이렇게 구성되어 있다는 걸 알게 되어 정말 신기할 것 같아요.

출처 : 워커힐호텔 자료

K-쇼 세계화 : 한국쇼 제작 및 공연

호텔리어의
세계

호텔리어의 정의는 무엇인가요?

편️ 호텔리어의 정의는 무엇인가요?

김️ 많은 분들이 호텔리어를 '호텔의 프런트 데스크에서 일하는 사람' 또는 '레스토랑에서 일하는 사람'으로 구분해서 생각하실 수 있는데요. 호텔리어는 호텔 안의 모든 부서에서 일하는 사람들을 지칭합니다. 하지만 저는 고객접점에서 일하는 직원을 진정한 호텔리어라고 표현합니다. 흔히 MOTMoment Of Truth 선상에서 일하는, 즉 객실이나 식음 같은 영업 분야에서 일하는 직원이 더 호텔리어다운 게 아닌가 생각합니다.

다시 원론적으로 말씀드리면 호텔리어의 범위는 넓습니다. 밸류 체인Value Chain, 공정을 세분화하여 사슬처럼 엮어서 가치를 창출하는 것이라고 하죠. 고객에게 제공할 물건을 사는 사람부터 시작해서 그걸 조리하는 사람, 고객접점에서 직접 서비스하는 사람, 고객이 나가면 청소를 하는 사람, 돈을 받는 사람, 그 돈을 운영하는 사람, 필요한 인력을 채용하는 사람 등 호텔 안에서 호텔과 고객을 위해서 일하는 모든 사람을 호텔리어라고 합니다.

호텔리어의 업무분장은 어떻게 되나요?

편. 호텔리어의 업무분장은 어떻게 되나요?

김. 호텔은 크게 '고객접점Front of House' 부서와 '비고객접점Heart of House' 부서로 나누어집니다.

고객접점 고객을 대면하며 직접적으로 서비스를 행하는 부서
예) 객실 - Front Desk, Guest Service, Doorman, VIP Lounge, Concierge, Fitness Center, Housekeeping
식음 - Cafe, Lounge, Bar, Restaurant, Buffet
조리 - Buffet, Pastry, Banquet, Restaurant, Butchery
예약 & 전화응대 - PBX, Royal Service, Reservation
시설관리 - Engineering

비고객접점 호텔의 운영과 영업을 지원하는 부서
예) 운영 - Finance, Human Resources, General Affair
영업 - Sales, Marketing

많은 부서들이 있지만, 어느 곳 하나 중요하지 않은 부서가 없는데요. 고객접점의 부서에서는 밝은 미소로 고객을 직접 만나고 대화를 나누면서 다양한 고객들의 니즈를 파악하고 요청사항을 신속하게 처리합니다. 객실부서는 체크인/아웃, 투숙에 필요한 요청사항 처리와 호텔 주변 안내 등을 하고 있어요. 식음과 조리부서는 호텔 안에 위치한 카페, 레스토랑 그리고 연회장에서 맛있는 음식과 최고의 서비스로 고객에게 잊지 못할 경험을 제공하고 있죠. 호텔의 외부 또는 내부의 전화문의 사항을 총괄하는 예약부서와 P.B.X(전화 교환대) 또는 Royal Service에서는 호텔의 대표번호를 응대하며 객실과 레스토랑 예약 문의와 호텔 이용에 따른 정보 안내, 그리고 이용 중인 고객의 필요한 사항들을 각 유관부서에 전달하여 해결하는 중앙사령부Command Center와도 같은 곳이에요. 또한 호텔의 하드웨어를 담당하는 시설부에서는 호텔의 외관과 내부의 시설을 안전하고 위생적으로 운영하도록 24시간 관리와 유지를 하고 있습니다.

호텔의 비고객접점 부서는 호텔의 운영과 영업에 필요한 사항들을 처리하고 지원하는 역할을 합니다. 호텔의 운영에 따른 자금과 매출의 흐름을 관리하고 고객들의 이용에 따른 결제 처리를 하는 재무부서, 그리고 호텔 브랜드에 맞춘 인재를 적합한 직무에 따라 채용하고 조직에 맞춘 인재를 교육하여 양성시키고 일하기 좋은 조직문화를 만드는 인사부서가 있지요. 또한 호텔 운영에 필요한 허가 및 보험관리를 하고 호텔 내 각종 자산을 관리하는 총무부서가 있어요. 많은 호텔리어들이 호텔 내 각각 다른 곳에서 일을 하고 있지만 고객을 환대하는 마음가짐은 모두 같습니다.

출처 : 워커힐호텔 자료 　　　　　　　　고객안전을 위한 대규모 소방훈련

호텔리어들은 어떻게 협업을 하나요?

📧 호텔리어들은 어떻게 협업을 하나요?

🔲 호텔의 모든 부서는 하나의 유기체로 톱니바퀴가 맞물려 돌아가듯이 각자의 위치에서 협업을 하고 있어요. 화려한 연극 무대의 뒤에서 분주하게 움직이는 공연 스태프들의 팀워크와 같습니다. 호텔 안에서 이뤄지는 다양한 협업 중에서 한 가지 예를 소개해 드릴게요.

해외의 유명한 VIP 고객이 호텔을 방문할 예정입니다. 고객은 사전에 세일즈부서를 통해 특별한 요청사항을 남겼어요. "도착 전 객실의 온도는 23도로 맞춰 주시고, 가습기를 틀어 적정 습도를 유지해 주세요. 저는 다이어트 콜라만 마시기 때문에 객실 내 미니바 안의 모든 품목을 빼주시고, 다이어트 콜라만 채워주세요. 저는 매일 아침 10시에 객실에서 아침 식사를 합니다. 데친 두부 여섯 조각, 낫또, 잘게 썬 양파, 훈제연어, 통밀 토스트 한 쪽과 버터 약간 그리고 꿀에 절인 자몽을 준비해 주세요. 그리고 체크인하는 날 공항으로 리무진 서비스를 부탁드려요. 도착은 오후 한 시 인천공항에 착륙하는 OO항공입니다."

고객이 주신 요청사항이 여러분들이 봐도 간단해 보이지는 않지요? 자, 이제 고객이 도착하기 전에 호텔리어들은 유관부서들과 함께 분주히 움직여야 합니다. 위의 협업이 거의 동시에 완벽한 팀워크로 이루어진다고 생각하면 됩니다. 우선 해당 사항을 세일즈부서에서 예약부서로 전달합니다. 예약부서에서 고객의 요청사항을 시스템에 입력하면, 각각의 유관부서의 직원들이 위의 사항들 중에 본인이 맡고 있는 업무를 사전에 체크하고 준비에 들어갑니다. 시설부서에서는 적정 온도가 맞춰지는지, 객실 안에 문제가 없는지 시설적인 사항을 사전에 체크합니다. 객실관리 부서는 가습기를 설치하고 습도를 유지하며 다시 한번 객실정비를 합니다. 고객이 도착하는 날에는 객실부서에서 오후 1시 전까지 리무진 차량을 공항으로 보냅니다. 고객이 도착하면 프런트 데스크에서 밝은 미소로 환영인사와 함께 체크인을 한 후 객실로 안내합니다. 룸서비스부서에서는 다이어트 콜라를 미니바에 채우고, 투숙하는 기간 내 객실로 조식을 전달하기 위해 고객의 요청사항을 조리부서와 사전에 협업합니다. 조리부서에서는 요청한 식자재가 호텔 내 입고가 되어 있는지 다시 한 번 확인하고 해당 시간에 맞춰 조리를 완료합니다. 그러면 바로 룸서비스부서가 오전 10시에 아침 조식을 객실로 전달합니다. 한 명의 고객을 위해서 각 부서의 많은 직원들이 이렇게 세심하고 완벽한 팀워크로 움직이는 게 신기하지요? 그런 고객들이 하루에 100명, 200명이 방문한다면 지금 생각해도 아찔하지만, 그래도 이러한 일들이 저희들의 사명이자 매일 하는 업무랍니다. 이렇게 호텔리어들은 자신이 호텔을 대표한다는 자부심을 가지고 함께 일하는 동료들과 매 순간 팀워크를 다집니다.

출처 : 페어몬트 호텔 홍보 자료

메뉴개발

호텔 예약 플랫폼들의 규모가 어마어마해요.

편 호텔 예약 플랫폼들의 규모가 어마어마해요. 어떻게 생각하세요?

김 다양한 가격과 혜택을 비교할 수 있는 플랫폼들이 생겨나면서 고객 입장에서는 간편하고 신속하게 정보를 비교해 볼 수 있고, 호텔 입장에서도 많은 플랫폼을 이용해 홍보할 수 있고 신속하게 예약을 받을 수 있는 장점이 있어요. 호텔 입장에서는 우리 호텔만의 '충성고객'을 만드는 게 중요하다고 생각해서 호텔 자체 멤버십에 가입하고, 호텔 홈페이지에서 직접 예약하는 분들에게 더 나은 혜택을 드리기 위해 노력하고 있어요. 멤버십 고객이 전화나 웹 사이트로 예약하면, 이용 금액에 따라 포인트Point 및 등급별 다양한 혜택을 드리지요. 예를 들어 체크아웃이 12시지만, 상위 등급의 고객에게는 한 시간에서 길게는 최대 4시까지 여유 있는 체크아웃Late Check-out을 해드려요. 무료로 음료 교환권Welcome Drink이나 무료 조식을 제공하기도 하고, '최저가 정책'을 내세우며 다른 플랫폼 보다 더 저렴하게 예약을 해 드리기도 하죠.

편 호텔의 멤버십 고객에게 더 큰 혜택을 주는 이유가 뭔가요?

김 기본적으로는 호텔의 충성고객을 확보하기 위한 방법이라고 보면 됩니다. 또한 예약 플랫폼을 통해서 고객이 예약을 하게 되면 플랫폼 업체에서 일정 부분의 수수료를 가져갑니다. 호텔은 그 수수료를 플랫폼에 지불하는 대신 고객에게 다양한 혜택으로 돌려주는 게 낫다고 생각하는 거죠. 고객이 부담하는 수수료 금액만큼 우리 호텔을 애정하고 자주 찾아 주는 단골고객, 즉 충성고객들에게 더 나은 서비스와 혜택으로 돌려주기 위해 해외 호텔 체인뿐만 아니라 국내 로컬 호텔들 또한 멤버십 프로그램에 더욱 관심을 쏟고 프로그램을 개발하는 추세입니다.

▲ ▲ 아코르 ALL 멤버십
▲ 페어몬트 프리빌리지 멤버십

호텔리어의 특성에 따라 업무가 다를 수도 있나요?

편 호텔리어 개인의 특성에 따라 업무가 다를 수도 있나요? 내가 가진 장점을 살리는 게 가능한가요?

김 보통 경력직인 경우는 그동안의 경력에 따라 부서를 배정하기도 하지만, 신입인 경우는 채용 시에 실무면접관과 인사팀장의 판단에 따라 지원자의 첫 커리어를 정해줍니다. 물론 조리는 특수하기 때문에 이미 정해져 있지만, 객실이나 식음 쪽도 가능하면 본인이 희망하는 곳으로 배치해 줘요. 아르바이트를 포함한 서비스 경험, 소유한 자격증 등을 고려하여 인터뷰 때의 답변을 듣고 지원자의 성향을 파악하죠. 또한 적성검사를 통해서 객관적인 데이터를 수집해요. 지원자에게 적합한 업무를 배정하기 위해 다각도로 분석하고, 파악한 결과를 토대로 업무배치를 합니다.

그 이후에는 호텔리어로서 더 다양하고 큰 목표를 가지기 위해 개인적인 노력이 필요하답니다. 예를 들어 객실에서 근무를 하면서 식음에 대해 관심을 갖게 되어 소믈리에로 전직을 하고자 하는 경우, 또는 인사, 재무, 마케팅 등에서 근무를 하고자 하면 이에 따라 추가적인 공부를 해야 합니다. 호텔 내에는 정말 다양한 업무가 있기 때문에 여러분들의 철저한 계획과 목표만 있다면, 다양한 곳에서 경험한 것을 토대로 언젠가는 총지배인이 될 수 있을 거예요.

호텔리어로서 제일 중요한 서비스는 뭘까요?

편 호텔리어로서 제일 중요한 서비스는 뭐라고 생각하시나요?

김 제일 중요한 서비스는 바로 '예측'하는 겁니다. 고객이 직접 요청하는 사항을 신속하게 처리하는 것은 호텔리어의 기본이에요. 하지만 고객의 기대를 넘는 경험을 만들어주는 것이 바로 '럭셔리 서비스'를 하는 호텔리어의 중요한 포인트라고 생각해요. 고객의 몸짓과 눈빛만으로 고객이 요청할 사항을 미리 예측하고, 자연스러운 서비스의 흐름을 이어 나가도록 만들어 주는 사람이 바로 호텔리어죠. 그리고 같은 사람에게 같은 서비스를 해도 고객의 상황이나 심리 상태에 따라 받아들이는 게 달라지기도 해요. 예를 들어 캐주얼한 서비스를 좋아하는 고객에게는 웃으면서 인사하고, 넥타이가 멋지다며 먼저 얘기를 걸 수도 있어요. 그런데 같은 고객이라도 기분이 안 좋은데 넥타이 얘기를 하면 좋아할까요? 아니겠죠.

편 사람의 마음을 간파하는 거네요.

호텔리어가 되기를 잘했다고
느낀 순간은 언제인가요?

편 호텔리어가 되기를 잘했다고 느낀 순간은 언제인가요?

김 지극히 개인적인 관점에서 본다면 비교적 저렴한 가격으로 전 세계의 관계 호텔을 이용할 수 있다는 거죠. 많은 인터내셔널 International 호텔 체인에서는 호텔리어들이 다양한 자매 호텔을 이용하면서 고객의 입장이 되어 배울 수 있는 직원 복리후생 제도를 운용하고 있어요. 하얏트나 포시즌스 같은 경우는 연간 무료로 이용할 수 있는 객실 수를 지정하거나, 힐튼이나 메리어트 또는 아코르에서는 정가보다 훨씬 저렴한 금액으로 전 세계 호텔을 이용할 수 있어요. 호텔리어의 가족 또는 지인들에게도 저렴한 가격으로도 예약을 해줄 수 있어서 호텔리어들은 가족과 지인들에게 어깨가 으쓱해지곤 합니다. 호텔리어라는 직업을 가지면서 보람을 느끼는 순간이 많지만, 모두가 부러워하는 복리후생 혜택을 이용할 때 가장 뿌듯해요.

호텔리어로서 큰 성취감을 느낀 순간이 궁금해요.

편 호텔리어로서 큰 성취감을 느낀 순간이 궁금해요

김 개인적으로는 호텔을 오픈할 때 참여한 경험이 큰 성취감을 느낀 순간인 것 같아요. 제가 2004년에 W 호텔을 오픈할 때가 생각납니다. 굉장히 큰 반향을 일으켰어요. 국내에 처음 들어오는 브랜드였고, 6성급이었죠. 페어몬트 호텔은 제가 오기 전에 이미 페어몬트 브랜드가 붙어 있었고 공사 중이었어요. 제가 중간에 투입되어 여러 가지를 고쳐가면서 오픈했죠. 그런 일에 대한 성취감이 큽니다.

또 다른 성취감을 느낀 순간도 많아요. 호텔과 연관된 비즈니스 중에 외식 사업을 포함한 신규사업을 진행하는 것도 보람 있는 경험이에요. 저는 오랜 기간 호텔에 근무하면서 거의 모든 부서를 경험했어요. 그러다 보니 자연스럽게 많은 업무를 접할 수 있었고, 다른 호텔리어에 비해 상대적으로 더 많은 성취감을 이뤘던 것 같아요. 새로운 결과물을 남겼을 때, 제 스스로 대단한 일을 해냈다는 성취감이 들었죠.

▲▲ 뉴욕 출장 중 한 컷
▲ W호텔 오픈 전 뉴욕 출장 : 뉴욕대 다니엘 로젠 교수와

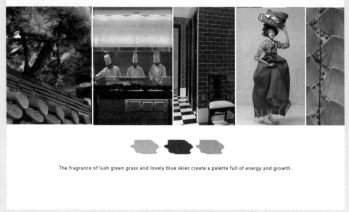

The fragrance of lush green grass and lovely blue skies create a palette full of energy and growth.

▲▲ 페어몬트호텔 오프닝 100일 기념 행사식

▲ 식당 리노베이션 1 : 콘셉트 잡기

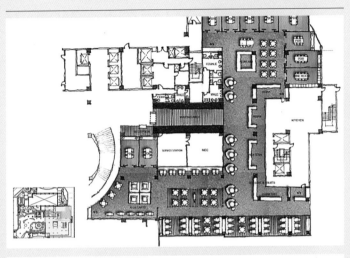

▲▲ 식당 리노베이션 2 : 도면 초안

▲ 식당 리노베이션 3 : 스케치

멘토나 존경하는 인물이 있나요?

편 멘토나 존경하는 인물이 있나요?

김 저는 호텔업계의 전설이라고 불리는 이사도어 샤프Isadore Sharp를 저의 멘토로 삼고 있어요. 세계 최고급 호텔로 꼽히는 포시즌스 호텔&리조트Fourseaons Hotels&Resorts의 창업자인 샤프 회장의 고집스러운 서비스 철학이 마음에 듭니다. "서비스를 제공하는 사람을 중심에 두면 된다.", "상대방에게 대접받고 싶은 만큼 상대방을 대해라."라는 샤프 회장의 기본 원칙은 객실 100개짜리 모텔을 현재 전 세계 41개국 101개 호텔, 직원 8만여 명을 고용한 포시즌스 그룹으로 성장시키는 데에 결정적인 요인이 되었죠. 또한 고객만족연구소를 만들어서 동서양인의 특성과 취향을 반영한 침구류와 새로운 메뉴에 대한 연구를 하였고, 고객만족 서비스 시스템에 대한 매뉴얼을 고민하고 있다고 해요. 그분의 철학은 제가 최종적으로 꿈꾸는 전 세계 VIP 고객만을 위한 최고급 패키지 투어 기획에도 많은 도움이 되고 있어요. '아무나 오는 호텔을 만들지 않겠다.'라는 고집스러운 마인드가 포시즌스를 최고의 서비스를 구현하는 최고급 호텔로 성공시켰다고 생각합니다.

슈바이처(Schweitzer Albert, 1875~1965)

편 직업과 상관없이 개인적으로 존경하는 인물도 있나요?

김 슈바이처 박사님이요. 남을 위해서 희생하고 봉사하는 모습을 보면서 나도 크면 다른 사람을 위해서 헌신하고 봉사할 수 있는 사람이 되고 싶었어요. 제가 슈바이처 박사처럼 의사가 된 건 아니지만, 다른 사람을 배려하고 서비스하는 호텔리어를 선택한 데에도 영향이 있었던 것 같아요.

외국과 우리나라 호텔리어의 차이가 있나요?

편 외국과 우리나라 호텔리어의 차이가 있나요?

김 차이는 크게 없습니다. 경험이 풍부하고 서비스 마인드를 갖춘 인재를 원하는 것은 만국의 공통점이죠. 한국 호텔산업의 역사는 그리 길지 않기 때문에 대부분의 호텔들은 선진호텔의 시스템 및 서비스 규정과 프로세스를 차용하고 있어서 호텔 업무 및 이에 따른 서비스 교육 과정과 직무 능력 면에서는 차이가 없어요. 그래서 한국에서 근무했던 호텔리어가 해외에 나가 근무를 하거나, 반대로 해외에서 호텔리어 생활을 시작했더라도 우리나라에서 빠르게 적응할 수 있다는 점이 호텔리어 직업의 장점이기도 해요.

편 호텔리어는 전 세계 어느 호텔에서나 어렵지 않게 일할 수 있는 글로벌한 직업이네요.

김 제가 워커힐에서 부총지배인으로 있을 때 K-서비스라는 용어를 만들어서 사용하기 시작했어요. K-팝, K-드라마, K-콘텐츠 등 Korea 브랜드가 전 세계에서 유행을 하고 있잖아요. 호텔이 글로벌 산업이니까 스위스, 미국, 호주, 필리핀 등 해외에서 공부하는

라스베이거스 스타일 쇼 제작 및 공연

친구들도 많고요. 그래서 해외 어디를 가도 유명 호텔에 한두 명씩은 한국 직원들이 있어요. 그리고 우리나라 사람들이 해외에 많이 가기도 하고요. 특히 동남아 쪽은 어느 호텔에 가도 한국 호텔리어가 있죠. 우리나라 사람들이 말이 안 통할 때 나타나는 사람이 꼭 있잖아요. 그 친구들이 경험을 쌓고 다시 우리나라에 들어와서 일하기도 하고요. 제가 봤을 때 우리나라의 서비스 수준은 세계 최고라고 생각해요. 호텔리어로서 한국 호텔의 서비스는 K-서비스라고 이름 붙일 만하다고 생각합니다. 한국의 호텔리어들은 똑똑하고 센스가 넘쳐요. 모든 오감을 다 사용해서 고객들의 특징과 요구사항을 빠르게 파악하고 고객의 몸짓, 표정, 말투를 신속하게 분석하죠. 자주 찾아 주는 고객의 특징을 정확하게 기억하고 있어서 고객들이 놀라기도 해요. 또한 예의가 바르고 따뜻하고 다정해서 외국 고객들도 한국 호텔리어의 K-서비스를 높게 평가하고요. 중국 등 전 세계 호텔에서 서비스 제도를 정립하거나 고급스러운 서비스 태도, 응대법을 교육할 수 있는 능력 있는 한국 호텔리어들을 많이 채용하고 스카우트하는데, 이 또한 한국의 국격을 올리는 K-서비스의 상징이라고 생각합니다.

호텔리어의 일과가 궁금합니다.

편 호텔리어의 일과가 궁금합니다.

김 호텔리어의 일과는 각 직무에 따라 달라요. 3교대 근무라서 업무를 하는 시간에 따라 다양한 일과가 펼쳐집니다. 객실에서 오전에 근무하는 호텔리어의 일과를 대표적으로 알려드릴게요.

오전 6시 20분

오전 조의 업무가 시작됩니다. 보통은 30~40분 전에 호텔에 도착한 후, 직원 라커룸에서 유니폼으로 갈아입고 메이크업 및 헤어를 정돈하죠. 그 이후 사무실에서 미팅을 진행하는데, 미팅 내용은 투숙했던 고객이나 투숙할 고객의 특이사항Events과 처리하지 못했던 사항에 대해 인수인계가 이루어져요.

오전 8시

금일 도착할 고객들의 객실 준비 사항이나 사전 요청사항에 대해 시스템으로 체크합니다. 보통은 고객의 선호도Preference에 따라 객실이 배정되죠. 이 업무만 하더라도 오전 시간이 금

방 지나가요.

오전 11시

점심시간은 보통 11시부터 2시까지 호텔 직원식당에서 제공
합니다. 오전에 함께 근무하는 직원들이 번갈아 가면서 식사를
하죠. 11시부터 오후 1시 사이에는 전날 투숙한 고객들의 체크
아웃이 이루어지기 때문에 제일 바쁜 시간이에요. 그래서 보통
은 중간 조(10시부터 근무 시작) 직원을 함께 배치하기도 해요.

오후 1시

바쁜 체크아웃 시간이 지나가고 이제는 체크인 준비를 합니
다. 배정해 드린 객실에 문제가 없는지, 도착 시간에 맞춰서 체
크인을 바로 할 수 있는지 다시 한 번 점검하죠.

오후 3시

오후 조에 출근한 근무자들과 미팅을 하여 고객 요청사항 등
을 전달하고 퇴근합니다. 객실 근무자의 일과를 기준으로 알
려드렸지만, 각 부서의 직무에 따라 그리고 그날의 특이사항
에 따라 재미있고 흥미로운 일과가 펼쳐지지요.

객실은 24시간 근무잖아요. 새벽 조, 오전 조, 오후 조, 야간 조로 3교대, 4교대로 근무해요. F&B도 영업장에 따라서 다르지만, 저희 호텔 레스토랑은 새벽 2시까지 하고요. 정리하고 퇴근하는 조가 있고, 새벽 6시에 출근하는 조가 있어요. 교대 근무가 싫어서 그만두기도 하고, 어떤 친구는 야근만 하고 싶어 하는 경우도 있어요. 보수가 훨씬 좋고 낮 시간을 자유롭게 이용할 수 있는 장점을 활용하는 거죠.

페어몬트 호텔 라운지에서

호텔리어라는 직업의 최고 매력은 무엇일까요?

편 호텔리어라는 직업의 최고 매력은 무엇일까요?

김 호텔리어는 매일 다양한 사람들을 만나고, 호텔리어의 일상에는 매일 다른 일이 펼쳐져요. 사무실에 앉아서 매일 똑같이 흘러가는 지루한 일상이 아니라 다양한 사람들을 만나서 대화를 하고 서비스를 제공한다는 건 재미있고 설레는 일이죠. 나의 작은 아이디어로 타인에게 최고의 순간을 만들어 줄 수 있고, 사람들이 지루해하는 평범한 시간을 소중한 추억으로 바꿔놓는 직업이 호텔리어예요. 다양한 나라의 많은 사람들을 만나서 대화하고, 그들을 통해 나도 매일 색다른 경험을 할 수 있다는 것이 호텔리어 직업의 가장 큰 매력이죠. 사람들이 마음속에 담아뒀던 것을 눈앞에 실현시켜주는 '마법사Magician'와도 같아요. 그중에서도 프러포즈를 계획하고 오시는 분들을 도와드릴 때가 제일 재미있고 설레는 순간이에요. 호텔로 꽃이 도착하고 예쁜 풍선을 객실에 꾸미면서 인생 최고의 순간을 위해서 호텔리어들은 마치 007 작전을 연상케 하듯 조용하고 분주히 고객을 도와드리죠. 최고의 순간을 위해 고객이 상상에서만 그려왔던 장면을 실현해 주는 마법을 부리는 것이 호텔리어 직업의 최고 매력이라고 생각해요.

또한 지친 일상의 탈출구가 되는 도심 속의 '오아시스Oasis'가 바로 호텔입니다. 그곳에서 일하는 호텔리어들은 지친 고객들에게 삶의 활력을 주고 안락한 휴식을 선사할 수 있는 '치유자Healer'와 같다고 생각해요. 나와 다른 이를 살피고 그분들이 잃어버렸던 삶의 활력과 미소를 되찾게 해드리는 것이 얼마나 행복한 직업인지 몰라요. 저는 많은 호텔리어들이 저와 같은 마음일 거라 생각해요. 멋진 공간 안에서 최고의 순간을 만들어주는 '마법사'와 '치유자'가 될 수 있다는 것이 호텔리어로서 가장 큰 보람입니다.

일을 그만두고 싶었던 적은 없나요?

편 일을 그만두고 싶었던 적은 없나요?

김 저는 이 일을 사랑하고 매일 다양한 고객들을 만나는 것이 행복하고 즐거워요. 그래서 호텔리어라는 직업이 너무 만족스럽습니다. 정말 오래도록 호텔리어로 남고 싶어요. 이 일을 그만두고 싶었던 적은 없었지만, 얼마 전에 슬럼프는 한 번 크게 왔어요. 오랫동안 저희 호텔을 찾아주신 VIP 고객이 돌아가셨는데, 그 일을 겪고 고객들과 깊은 친분을 쌓는 것에 대한 두려움이 생겼어요. 지난 10년간 1년에 한두 번씩 한국에 오시는 독일 기업의 상무님이셨는데, 저와 이메일로 안부도 주고받고 한국에 출장을 오시면 같이 등산도 가고 한국 음식도 먹으러 다녔죠. 고객과 직원의 관계를 넘어 소중한 친구의 관계를 맺어온 그분을 보내드려야 한다는 것에 마음이 많이 슬펐습니다. 호텔리어 중에는 저와 비슷한 경험을 하신 분들이 많을 거예요. 그만큼 호텔은 만남과 헤어짐이 공존하는 곳입니다. 지금은 다시 힘을 내서 일을 하고 있어요.

그리고 남들이 쉴 때 제일 바쁜 직업이기도 합니다. 항공사나 호텔은 명절, 휴가, 연휴 기간에 제일 바쁘게 돌아가는 산업이에요.

어떻게 보면 내 삶을 희생하는 부분이 있어요. 그 속에서도 끝까지 서비스를 해내는 희생과 봉사정신을 갖춘 사람들이 호텔리어예요. 신입사원이 오면 이 부분을 더 강조해서 얘기해요. 배려하는 마음이 있어야 하고, 희생과 봉사하는 정신이 있어야 한다고요. 만약에 그런 마인드가 없으면 직업을 바꿔야죠. 안 맞는 거니까요. 호텔리어에게 봉사정신이 없다면 첫째는 본인이 힘들고, 둘째는 고객이 힘들며, 셋째는 같이 일하는 다른 직원이 힘들다고 솔직하게 얘기하곤 해요. 이 책을 읽는 청소년들은 어린 시절부터 봉사활동 등을 통해 배려와 헌신하는 정신을 가졌으면 해요.

블랙 컨슈머를 만나면 어떻게 대처하나요?

편 블랙 컨슈머Black Consumer를 만나면 어떻게 대처하나요?

김 요즘 호텔에서 터무니없이 무리한 요구를 하거나 도가 지나친 행동을 하는 고객들이 많아지고 있어요. 정당한 요구에 대해서는 신속하게 처리해야 하는 것이 호텔리어의 일이에요. 하지만 터무니없이 과도하게, 그리고 타당하지 않은 사유로 보상을 요구하는 사람들이 있습니다. 예를 들어 낮은 가격의 일반 객실로 결제하고, 가격이 두세 배 차이 나는 스위트룸을 요구하는 사람, 레스토랑에서 과식을 하고는 식중독에 걸렸다고 컴플레인 하는 사람, 자신의 불만에 대한 대가로 객실 숙박권을 주지 않으면 인터넷에 글을 올리겠다고 협박하는 사람 등 정말 다양하고 치밀하게 계획을 하고 호텔을 방문하는 소수의 블랙 컨슈머들이 있어요. 예전에는 '손님이 왕이다'라는 말처럼 억울하더라도 고개를 숙이며 요구사항을 다 수용했지만, 이제는 그렇지 않습니다. 고객은 우리에게 밸류value를 주는 사람입니다. 그가 지불한 value나 그 이상의 value를 고객에게 드리는 노력을 하는 사람이 호텔리어들입니다. 만약 큰 보상을 요구하는 불만사항의 경우 내부적으로 논의를 거친 후에 총지배인과 회사의 대표가 최종 판단을 하죠. '해당 사항이 호텔 내부의 잘못이 맞나?', '보상의 범위는 적정한가?', '처리 과정에 있어서 내부 절차대로 진행이 되었는가?' 이런 객관적인 판단과 함께 합리적인 보상안을 제시합니다. 하지만 이 이상의 과도한 요구를 하는 경우에는 법률전문가를 통해 민사소송을 진행하는 게 요즘 호텔에서 블랙컨슈머에 대응하는 방법이에요.

편 블랙 컨슈머들이 점점 많아지나요? 그런 현상이 왜 일어나는 걸까요?

김 인터넷이 발달하면서 어떻게 하면 기대 이상의 보상을 받아낼 수 있는지 정보를 공유하는 사람들이 있어요. 컴플레인Complaint이 점차 고도화, 지능화하는 거죠. 그리고 지금 이 시대를 살아가는 사람들은 굉장히 민감한 것 같아요. 날카롭고 신경질적이고, 어떤 문제를 통해 자기 밑바닥의 감정을 폭발시키는 사람들도 있고요. 사회 구조적인 문제가 있다고 생각해요. 경쟁에서 무조건 이겨야 하고, 수단과 방법을 가리지 않아도 이기면 된다고 생각하는 사람들이 많아요. 어른들이 그렇게 가르친 거죠. 사실 호텔은 휴식하기 위해서 방문하는 곳인데, 자신의 스트레스와 감정을 폭발시키기 위해 호텔을 찾는 소수의 사람들도 있어요. 굉장히 힘든 부분이죠. 사회 전체적으로 함께 고민해야 하는 문제라고 생각합니다.

그러다 보니 호텔에서 일하는 직원들이 많은 스트레스를 받고 있습니다. 저희 호텔은 HRHuman Resources, 인사팀을 T&C라고 해요. Talent and Culture팀이죠. 직원들 개개인의 개성을 살리고 건강하고 건전한 조직문화를 만들어 가는 것이 팀의 미션입니다. 지원부서가 권위적이고 관리적인 색깔이 많은데, 우리는 그렇게 하지 말자고 했어요. 우리 호텔의 T&C팀 과제는 직원들이 행복하게 일할 수 있는 분위기를 만드는 거예요. 그래서 여러 가지 이벤트를 만들어요. 예를 들어 오랫동안 서있는 직원들을 위해서 발 패치도 해주고, 밸런타인데이에 작은 선물이라도 해주려고 하죠. 사소해 보이지만 이런 것들이 직원들의 사기를 진작시키고 기를 살리는 역할을 합니다. 또 휴게실에 안마의자도 설치해서 쉴 수 있게 지원해주고, 심리 치료나 상담 프로그램도 운영해서 최대한 직원들의 마음을 헤아리려고 노력하고 있습니다.

호텔리어도 직업병이 있나요?

편 호텔리어도 직업병이 있나요?

김 모든 호텔리어는 다양한 직업병이 있을 거예요. 저는 매일 호텔 로비와 복도 그리고 엘리베이터에서 만나는 많은 고객들을 향해 "안녕하십니까?"라는 말과 함께 목례를 하며 인사를 하죠. 그게 버릇이 되어서 일을 마치고 귀가할 때, 저희 집 아파트 입구나 엘리베이터 문이 열리면 마주치는 모든 사람들에게 인사와 목례를 해요. 가끔은 '내가 왜 이러지?'하면서 멋쩍은 웃음이 나오죠. 하지만 자주 마주치는 동네 주민들이 이제는 저에게 먼저 인사를 건네주시기도 해요. 밝고 에너지 넘치고 친절한 사람이라는 칭찬을 해주시기도 하고요. 좋은 직업병이지요? 항상 밝고 긍정적인 이미지를 갖추기 위해 매일, 매 순간 노력하다 보니 생긴 직업병이지만, 저는 이 직업병을 평생 가지고 갈 생각입니다. 또 하나의 직업병은 어디에 가서 불편한 일을 겪어도 불만을 잘 제기하지 않아요. 호텔리어로서 고객의 불만을 처리하다 보니 동업자 정신이랄까요, 잘못된 것에 대해서 가급적이면 얘기를 안 하거나 나중에 '이건 좀 고치는 게 좋겠어요.'라고 가볍게 제기하는 정도죠. 그분들의 고충을 잘 알고 있으니까요.

스트레스를 해소하는 방법이 있나요?

편 스트레스를 해소하는 방법이 있나요?

김 저는 후배 호텔리어에게 일에 대한 열정도 좋지만 자신을 위한 시간과 투자를 아끼지 말라고 이야기해요. 매 순간 다양한 고객을 만나고 더 나은 서비스를 제공하기 위해 자신이 아닌 타인에게 에너지를 쏟는 일이기 때문에 일하지 않는 순간에는 온전히 '나'를 위한 시간을 갖는 것이 정말 중요하거든요. 저는 맛집에 가거나 미술관에 가서 전시를 관람하는 걸 좋아해요. 그리고 무엇보다 제가 스트레스를 해소하는 가장 중요한 방법은 사우나나 운동을 통해 땀을 흘리는 거예요. 운동을 하면서 땀을 흘리면 엔도르핀이 돌게 되고 에너지가 생겨요. 일을 하면서 쌓였던 스트레스와 함께 몸안에 갇혀 있던 에너지를 밖으로 분출할 수 있다는 것에 쾌감을 느끼죠. 제 자신이 '열정적인 사람'이라는 느낌이 들면서 쾌감을 주거든요.

개인적인 취미로는 아내와 함께 스킨스쿠버 다이빙을 하는데, 코로나 전에는 동남아 쪽에 1년에 2회 정도 다이빙 투어를 갔어요. 일단 바닷속에 들어가면 심신이 편안해지고 굉장히 아름다워요.

▲▲ 취미생활은 생활의 활력이 된다 : 스쿠버다이빙

▲ 스쿠버다이빙 중 만난 니모

그런데 신기한 것은 스쿠버 다이빙을 하는 제가 수영을 할 줄 모른다는 점입니다. 그래서 물을 두려워했는데, 오히려 그 공포가 스쿠버 다이빙을 하는 계기가 됐죠. 수영을 못하니까 아예 물속으로 들어가자고 생각했어요. 헤어나올 수 없다면 아예 거기에 빠져 보는 것도 어려움을 이기는 좋은 방법이 될 수 있답니다.

편 특이한 스트레스 해소법을 가진 분도 있나요?

김 제가 아는 후배 중에 마케팅 부서에서 상품을 개발하다가 지금은 컨설팅 회사 부사장인 친구가 있어요. 스트레스를 어떻게 해소하는지 물어봤더니, 먹는 걸로 푼대요. 평소에 보면 밥을 잘 안 먹어서 언제 먹느냐고 물어보니까 일하다가 새벽 4시에 삼겹살을 구워 먹는대요. 천재성이 있어서 일을 잘하는 친구였는데, 스트레스도 특이하게 풀더라고요.

특별히 기억에 남는 고객이 있나요?

편 특별히 기억에 남는 고객이 있나요?

김 전에 근무하던 호텔 뒤에 산이 있어서 호텔 앞만 차단하면 보안이나 통제가 쉬웠어요. 그래서 남북행사를 많이 했죠. 1990년에 남북고위급회담이 있었는데, 당시 연형묵 총리가 호텔에 묵었어요. 그때 수고한 호텔 직원들과 연형묵 총리가 서로 악수하는 시간이 있었는데 악수하는 순간, 뭔가 찌릿하면서 따뜻하고 뭉클하더라고요. 그동안 만났던 많은 VIP들도 기억에 남지만 국가 행사 VIP들을 만날 때가 제일 벅차고 보람차요. 쉽게 만날 수 없는 북한 고위 정치가를 만나서 악수를 하는 순간에는 마치 제가 '대한민국 국가대표 호텔리어'가 된 느낌이 들어서 감동을 느꼈던 것 같아요. 호텔리어로서 패리스 힐튼, 마이클 잭슨 등 해외 유명 스타들도 많이 만났지만 그 만남은 뭔가 달랐어요. 내가 호텔리어가 아니었다면, 이런 자리에 있을 수 있었을까 하는 생각도 했고요. 잊을 수 없는 기억이네요.

1996년 마이클 잭슨이 첫 내한공연 때 투숙했을 당시를 기억하면, 마치 지금도 TV를 본 듯이 생생해요. '브라운관에서만 봐오던 마이클 잭슨이 내 앞에 있다니!'라고 생각하며 신기하게 바라봤

▲ ▲ 한국전쟁의 영웅 워커장군의 두 아들 방문 당시 2016년
▲ 자선 기부금 행사 : 유현진 선수와(매니저인 형이 대신 참여)

어요. 그런 유명 VIP들이 오면 호텔리어들은 일제히 긴장하게 되죠. 왜냐하면 특별 요청사항도 많고 보안도 철저해지기 때문에 투숙하는 기간 동안 VIP의 표정과 순간의 눈빛 하나하나를 살펴야 하거든요. 그런데 제가 만났던 슈퍼스타 마이클 잭슨은 너무도 선하고 말한마디마다 따뜻한 마음과 배려가 묻어 나오는 사람이었어요. '내가 호텔리어이기 때문에 이런 유명 인사를 만날 수 있는 행운을 갖는구나!'라고 생각했어요. 그때 수많은 한국의 팬들이 마이클 잭슨을 잠깐이라도 보겠다며 호텔 주변에 매일 모였던 것도 잊지 못할 장관이었죠. 이 책에 모두 소개하지는 못하지만, 호텔리어로서 30년 넘게 지내오면서 만났던 많은 고객들과 VIP들을 모셨던 경험과 추억들이 저에게 큰 자산이고 지금까지 저를 있게 해준 큰 힘이었습니다.

호텔리어의 세계를 잘 표현한 작품이 있을까요?

편 호텔리어의 세계를 잘 표현한 작품이 있을까요?

김 호텔리어의 세계는 많은 영화나 드라마에서 접할 수 있는데요. 그중에서도 여러분들이 재미있게 볼 수 있는 영화가 2017년에 독일에서 개봉한 〈마이 블라인드 라이프My Blind Life〉입니다. 남자 주인공 '살리'가 갑작스럽게 시력을 잃게 되어 다른 사람들보다 부족한 조건을 가지고 있음에도 강한 의지로 5성 호텔의 호텔리어가 되기 위해 열심히 노력하고 성장하는 모습을 담은 영화예요. 5퍼센트 정도의 시야밖에 보이지 않지만 반드시 호텔리어가 되겠다는 꿈을 이루기 위해 비밀을 감추고 면접을 통과하죠. 유리잔을 닦거나 음식을 자를 때도 매니저에게 들킬 뻔했던 아찔한 순간이 계속되지만, 동료들이 알아차리고 옆에서 도와주면서 멋진 호텔리어로 성장해요. 끝까지 얘기하면 재미가 감소하니까 그 이후의 이야기는 직접 영화로 보시기 바랍니다. 이 영화를 보면 호텔리어라는 직업이 얼마나 많은 노력과 강한 열정이 있어야 될 수 있는지, 호텔리어에게 무엇이 중요한지 알 수 있어요. 호텔리어가 하는 일, 업무 환경, 그리고 동료의 소중함 또한 느낄 수 있으니 꼭 보세요.

호텔리어가
되는 방법

호텔리어가 되는 과정은 어떻게 되나요?

편 호텔리어가 되는 과정은 어떻게 되나요?

김 호텔 업무는 관련 학과를 전공하지 않아도 충분히 시작할 수 있습니다. 물론 조리의 경우에는 관련 전공과 자격증을 취득한 경우에 취업이 용이하죠. 요리 경험 없이 호텔 주방에서 일하는 건 쉽지 않겠죠? 객실과 식음부서는 호텔 관련 학과를 나오지 않은 직원들도 상당히 많아요. 다양한 아르바이트를 통해 서비스업 경험을 하거나 호텔리어 전문학원을 다니면서 호텔리어의 기본자세와 태도를 익히고 호텔에 지원을 하는 경우가 많죠. 물론 인터내셔널 호텔의 경우에는 영어 실력이 뒷받침되어야 하기 때문에 외국으로 어학연수를 다녀오는 친구들도 있고요.

또한 호텔은 학생들을 대상으로 일할 수 있는 기회를 다양하게 제공하는데요. 거의 모든 호텔이 고객이 몰리는 주말이나 대형 행사가 있는 날에는 파트타이머를 고용하기도 합니다. 파트타이머가 담당하는 업무는 간단한 행사 준비, 정리정돈 및 고객 안내 등을 맡게 되어 그리 어렵지 않게 호텔리어 경험을 할 수 있어요. 또한 방학기간에는 1~2개월 정도 인턴십Internship을 할 수 있고요. 이러한 과정을 통해 호텔에 적응하고 기존에 근무하고 있는 호텔리어 선배들과도 관계를 맺으면서 추후 호텔 취업에 많은 도움을 받기도 합니다.

[편] 대학 졸업을 하면 호텔리어로서 좀 더 유리한 조건에서 시작하지는 않나요?

[김] 호텔마다 차이가 있긴 하지만 대부분의 럭셔리 호텔은 대학 졸업 여부에 따른 차등을 두지 않는 경우가 많습니다. 다만, 업무의 특성에 따라 월급에 차이를 두는 곳은 있지만요. 예를 들어 어학 수준이 중요한 부서의 경우 그렇지 않은 부서보다 신입사원 월급이 높을 수는 있어요. 그리고 대학 졸업자를 고등학교 졸업자보다 선호하는 것은 맞습니다. 대학이라는 곳은 학문과 더불어 다양한 경험을 할 수 있기 때문인데요. 사람을 상대로 하는 호텔 직업의 특성상 다양한 사람을 만나고 대외활동을 경험해 본 것이 큰 도움이 되겠죠. 아무래도 고등학교 생활과 대학생활은 경험 측면에서 많은 차이가 나지 않을까요? 특히 호텔 아르바이트를 많이 해본 친구들은 호텔로의 취업이 보다 쉬울 수 있어요.

청소년기에 어떤 공부를 해야 할까요?

 청소년기에 어떤 공부를 해야 할까요?

 우선 어학공부를 꾸준히 해야 합니다. 국내 특급 호텔의 경우 투숙객의 70퍼센트 이상이 외국인이에요. 따라서 올바른 고객응대를 하기 위해서는 영어가 필요하겠죠? 또한 서비스 기본자세에 대해 공부하고 연습해야 합니다. 서비스의 질은 지식만으로는 높일 수 없어요. 각자의 몸에 체화되어야 합니다. 어떤 순간에도 흐트러지지 않고 고급스러운 응대와 말투가 나와야 하므로 관련 동영상을 보면서 연습하거나 실습 및 아르바이트를 통해 호텔리어가 제공하는 훌륭한 서비스를 직접 보고 연습해야죠. 호텔에서 일하게 되면 어떤 분야에서 어떤 직무를 하느냐에 따라 다르겠지만, 총지배인이나 높은 자리에 올라갈수록 다양한 고객들과 커뮤니케이션을 해야 하는 일이 많아요. 물론 다양한 고객의 눈높이를 완전히 맞출 수는 없어요. 하지만 어느 정도 수준에 맞는 다양한 지식을 갖고 있어야 대화를 할 수 있겠죠.

그리고 하우스키핑Housekeeping으로 일을 하면 객실을 정비하고 공공구역을 청소하는 일도 있지만 필요한 물품들, 예를 들어 수

크리스마스도 중요한 연례 행사 : 페어몬트 호텔 로비에 장식되어 있는 트리

건 하나를 사도 몇 수인지 알아야 하거든요. 이런 전문지식이 여러 곳에 필요합니다. 호텔에 필요한 물품들을 가지 수로 따지면 만 가지 정도 돼요. 굉장히 다양한 아이템들이 적재적소에 배치되어야 하기 때문에 폭넓은 지식을 갖추는 게 좋아요.

저도 가끔 꽃시장에 나가고, 마트에도 가봐요. 다양한 상품을 모니터링 하면서 고객에게 필요한 새로운 것들이 있는지 계속 확인하죠. 심미적인 안목, 인테리어에 대한 감각도 있어야 해요. 필요한 물품이나 장식품들을 어디에 놓으면 좋을지, 또는 영업장을 구성할 때 어떻게 하는 게 좋은지 알아야 하거든요. 호텔이라는 곳은 종합 미술, 종합 과학의 집합체예요. 호텔리어는 다양한 분야에 관심을 두어야 하며, 폭넓은 지식이 있어야 하는 직업이라고 생각해요. 그런 측면에 있어서 많은 독서와 간접 경험이 필요합니다. 현장을 가서 보는 것도 좋고요.

사람들을 대하는 태도나 지혜는
어떻게 연마할 수 있나요?

편 호텔리어는 사람을 대하는 직업이잖아요. 사람들을 대하는 태도나 지혜는 어떻게 연마할 수 있나요?

김 특별한 건 없어요. 많은 사람과 만나서 대화를 하는 게 가장 좋은 방법이라고 생각해요. 그래서 활동적이고 수다스러운 친구들이 적응력이 빠르고 호텔에 더 맞는 것 같아요. 지적 호기심이 있고, 탐구하고, 적극적으로 사람들에게 다가가는 태도가 중요하거든요. 많은 사람들과 만나서 대화할 때 깨닫게 되는 것들이 있어요. 상대방의 얘기를 많이 듣고 대화를 통해서 경험하는 게 가장 좋은 훈련이라고 생각합니다.

편 학생들 입장에서는 다양한 친구들과 대화할 수 있는 능력을 갖추고, 동호회 활동이나 학교에서 하는 프로젝트 수업에 적극적으로 참여하는 게 좋겠네요.

호텔리어의 전공은 다양한가요?

편 호텔리어의 전공은 다양한가요?

김 아주 다양하죠. 호텔 관련 학과, 어학 전공자, 항공서비스학과를 졸업한 경우도 상당히 많아요. 서비스는 학문으로 완성되는 것이 아니라 연습과 경험이 무엇보다 중요하므로 특정 전공이 반드시 유리하다고 볼 수는 없어요. 다만, 조리의 경우에는 관련 학과를 전공하고 조리자격증을 취득하는 게 일반적이에요. 사무직은 업무에 따라 관련 학과를 전공하는 것이 유리할 수 있는데요. 예를 들어 재무부서는 경영학 또는 회계학 등을 전공한 친구가 취업에 용이하겠지요.

편 호텔경영학과가 있는 학교를 소개해 주세요.

김 2022년 기준 호텔 관련 학과가 있는 대학은 총 134개나 됩니다. 이 중 4년제 대학은 47개이고, 2년제 대학이 87개예요. 범위를 조금 넓혀서 관광 관련 학과까지 합하면 152개 대학이 있어요. 생각보다 상당히 많죠? 여러분 주위에도 호텔 또는 관광 관련 학과가 있는 대학이 있으니 주의 깊게 한 번 확인해 보세요. 이 중에서 몇

출처 : 페어몬트 호텔 홍보 자료

호텔의 다양한 메뉴 : 양식

개 대학을 소개해 드릴 건데요. 우선 유명 여자 연예인이 졸업해서 더 유명해진 서울 소재 경희대학교 호텔경영학과가 있죠. 이 대학 출신들이 현재 우리나라 유명 호텔에서 많은 활약을 하고 있습니다. 또한 경기도에 한국관광대학교가 있는데요. 이 대학교에는 호텔경영학과는 물론, 관광경영, 외식경영, 호텔리어학과도 있으며 승무원을 교육하는 항공서비스과도 있답니다. 그리고 호텔 관련 학과는 서울 수도권에만 있는 것은 아니에요. 제주도를 포함해 거의 모든 주요 도시 및 지역마다 있으므로 얼마든지 여러분이 도전하여 입학할 수 있어요.

자격증은 어떤 게 있을까요?

편 호텔리어 직업과 관련된 자격증은 어떤 게 있을까요?

김 매우 다양합니다. 조리사는 한식, 일식, 중식, 베이커리 등의 자격증을 소지해야 해요. 호텔 위생을 담당하는 위생사도 관련 자격증을 보유해야 하고요. 호텔 수영장에서 고객의 안전을 위한 가이드 업무를 하려면 라이프가드 자격증이 있어야 하죠. 그리고 호텔 내 전문가로 성장하는 데 도움을 줄 수 있는 자격증이 있어요. 여러분이 잘 아는 소믈리에Sommelier, 고객에게 음식과 어울리는 와인을 추천하는 일을 전문으로 하는 사람와 바리스타 자격증이에요. 호텔 바텐더 등 음료 전문가로 성장하는데 도움이 되는 조주기능사 자격증도 있고요. 호텔리어로서 첫 발을 내딛는 데 도움이 될 수 있는 자격증에는 통번역 관련 자격증이 있으며, 자신의 어학실력을 입증할 수 있는 각종 공인 어학점수도 이력서에 첨부하면 서류 전형에 가점을 받을 수도 있을 거예요.

호텔을 이용할 때 어떻게 경험하는 게 좋을까요?

편 호텔에 관심 있고 호텔리어가 되고 싶다고 목표를 정한 청소년들이 이 책을 읽고 부모님과 휴가를 가서 호텔을 이용하게 된다면, 어떻게 바라보고 경험하는 게 좋을까요?

김 다양한 콘셉트의 호텔을 많이 가보는 게 좋아요. 호텔에 갔다면, 우선 고객의 입장에서 이용할 수 있는 모든 시설을 경험해 보는 게 좋겠죠. 대부분은 투숙하는 방, 라운지, 식당 정도만 이용하는 경우가 많아요. 요즘은 SNS에 사진을 올리는 경우가 많아서 좀 달라졌지만, 최대한 누릴 수 있는 시설들은 다 이용해 보는 게 좋아요. 저는 고객의 질문에 대해 호텔에 근무하는 모든 직원이 대답을 해줄 의무가 있다고 생각해요. 그리고 실제로 다 답을 해주고요. 해당 영업장 문이 닫혀 있거나 오후 3~5시 크로즈드 타임closed time, 또는 시설을 정비하는 시간이라 너무 지저분해서 둘러볼 수 없는 상황만 아니라면 보통은 호텔리어가 다 둘러보게 해주거든요.

그다음에는 입장을 바꾸어 만약에 자신이 이 호텔의 호텔리어나 총지배인으로 근무한다면 어떤 부분을 개선해 나갈까 생각하면서 보세요. 그동안 고객의 입장이었다면, 공급자와 소비자 양쪽의 관점에서 호텔을 바라보는 시각을 가지면 좋겠어요. 예전에 제가 '호텔리어 투어'라는 체험 상품을 기획한 적이 있었어요. 지금은 그런 프로그램이 없지만, 학생들이 그룹을 지어서 호텔에 직접 백오피스와 호텔리어의 업무를 체험하고 싶다는 요청도 해보고, 그 외 여러 가지를 적극적으로 시도해 보면 좋겠네요.

호텔리어라는 직업과 잘 맞는 사람은 누구일까요?

편 호텔리어라는 직업과 잘 맞는 사람은 누구일까요?

김 호텔리어의 기본은 서비스예요. 서비스는 사람을 상대로 하는 업무이므로 본인이 사람과 어울리고 이야기하는 걸 좋아해야죠. 특히 처음 만나는 사람과 쉽게 친해질 수 있는 성격이라면 호텔리어에 적합하다고 할 수 있어요. 또한 스트레스를 잘 관리하고 긍정적인 마인드를 보유한 사람도 호텔리어에 맞는다고 생각해요. 그리고 서서 일하는 시간이 많은 직업인 만큼 평소에 체력관리를 잘하는 사람도 호텔리어 직업과 잘 어울립니다.

앞에서 외국어에 대해 말씀드렸는데 다시 한번 강조해야 할 것 같아요. 번역 애플리케이션들이 많이 나왔지만, 기본적으로는 호텔리어가 고객과 직접 커뮤니케이션하는 일이 많기 때문에 영어는 필수입니다. 물론 호텔의 고객구조에 따라 선호하는 외국어가 조금씩 다를 순 있어요. 고객의 상당수가 일본인이나 중국인이라면 일본어와 중국어에 능통해야겠지요. 영어는 호텔에서 근무하기 위한 필수 언어라고 할 수 있으며, 앞으로는 중국어도 많은 도움이 될 거라고 생각해요. 국내로 유입되는 관광객 중에 중국인의 비중

▲▲ 바오젠 행사 유치를 위한 중국 출장 : 한국무용단원들과
▲ 한중문화우호협회와 중국기자단 야외간담회 2014

이 높고, 중국 시장은 앞으로 더 열릴 거예요. 세계는 결국 미국과 중국이 양립하는 흐름으로 갈 것이기 때문에 영어는 필수로 하고, 중국어도 기본 회화는 할 수 있어야 한다고 생각해요. 호텔은 정말 다양한 나라의 고객이 방문해요. 저희 호텔에 프랑스 IT 기업 임직원들이 단체로 방문해서 일주일 정도 지낸 적이 있어요. 그럼 불어를 하는 직원이 그 팀을 맡게 되죠. 제가 항상 직원들에게 준비된 자만이 기회를 얻는다는 이야기를 많이 해요. 중국 사업을 하려고 직원을 중국으로 보내야 하는데 역량으로는 A가 낫지만 중국어를 못하면 역량이 좀 부족해도 중국어를 하는 D가 갈 수밖에 없잖아요. 그리고 글로벌 체인 호텔의 경우에는 총지배인이 외국인인 경우가 많아요. 그러면 아무래도 영어가 가능한 직원을 뽑는 경우가 많겠죠. 제가 영어를 매우 강조하지만, 영어를 못한다고 호텔에서 근무를 할 수 없는 건 아니에요. 외국어 외에 다른 역량이 있는 사람도 있잖아요. 다방면으로 공부를 열심히 하면 좋겠어요. 특히 인문학적 소양을 기르기 위한 노력을 하고, 독서를 통해 많은 간접 경험을 하기 위해 노력해 줄 것을 당부합니다.

이 직업과 잘 안 맞는 사람은 누구일까요?

편 호텔리어 직업과 잘 안 맞는 사람은 누구일까요?

김 사람들과 어울려서 일하는 것보다 혼자서 일하는 것을 좋아하는 사람은 호텔리어에 적합하지 않아요. 이런 친구들은 프로그램 개발이나 연구 직종에 어울리겠죠. 또한 호텔리어의 근무시간은 일정하지 않을 수 있어요. 호텔은 365일, 24시간 열려 있기 때문에 다양한 근무 스케줄에 따라 출퇴근 시간이 달라집니다. 따라서 정해진 출퇴근 시간을 선호하는 사람은 적응에 어려움이 있을 수 있답니다. 하지만, 호텔리어는 평일에 쉴 수 있기 때문에 관공서나 은행 업무를 편하게 볼 수 있고 쇼핑을 할 때에도 주말의 복잡한 시간이 아닌 평일에 한가한 시간을 이용할 수 있어서 이런 점은 꽤 장점이에요.

그리고 면접을 볼 때 외향적인 사람에게 눈이 가는 건 어쩔 수 없는 것 같아요. 성격이 내성적이면 고객 앞에서 서비스할 때 두려워하고, 필요한 설명을 잘 못하는 경우도 있더라고요. 물론 이것도 개인차가 있는데요, 어떤 친구들은 내성적이지만 한 번 적응하면 정말 잘하는 경우도 있어요. 사실 저도 처음에는 호텔 세일즈로 시작했지만 성격은 내성적이었어요. 지금은 일하면서 많이 바뀌었죠. 제가 처음 호텔에 입사할 당시 사장님이 세일즈를 강조하셨어요. 굉장히 두려웠죠. 제가 워낙에 낯도 가리고 사람들과 잘 어울리지 못하는 성격이었거든요. 물론 나중에 찾아보니까 통계적으로 내성적인 사람이 세일즈를 더 잘한다고 하더라고요. 어쨌든 세일즈팀에서 잘 적응해 연회와 객실 판촉 업무를 무난히 수행한 경험이 있어요. 그래도 일반적으로 채용할 때는 외향적이고 밝고 활달한 사람을 1순위로 뽑습니다. 서비스는 고객에게 직접적으로 보이는 부분이라서 성격이 소극적이라면 아무래도 서비스 제공에 어려움이 많거든요.

호텔에 취업을 한다면
어떤 경험을 하는 게 좋을까요?

편 호텔에 취업을 한다면 어떤 경험을 하는 게 좋을까요?

김 호텔은 다양한 업무가 존재하므로 우선 주어진 업무를 잘 배우고 기회가 되면 다른 업무를 적극적으로 경험해 보는 것이 좋을 것 같아요. 왜냐하면 모든 호텔리어들의 최종 목표는 총지배인이라고 할 수 있는데요, 한 부서의 업무만 하는 것보다는 여러 부서를 경험해 봐야 호텔의 최고경영자로 성장할 수 있으니까요. 또한 인터내셔널 체인 호텔에서 근무를 한다면 동일 브랜드의 해외 호텔로 이직하여 다양한 해외 경험을 하는 것도 추천해요. 여러분의 국제적인 마인드와 어학실력을 키운다면 얼마든지 다양한 국가에서 근무할 수 있겠죠.

채용은 어떻게 이루어지나요?

편 호텔리어 채용은 어떻게 이루어지나요?

김 호텔은 일반적으로 수시 채용을 하는데요. 부서에서 공석이 발생하거나 필요에 따라 인력을 추가로 채용해야 하는 경우는 호텔 채용 사이트나 채용 전문 사이트에 공고를 내죠. 또는 호텔 관련 대학에 인재 추천을 요청하는 경우도 있으니 만약 여러분이 호텔 관련 학교를 다니고 있다면, 호텔 내 취업 게시판을 주의 깊게 보셔야 해요. 이렇게 채용 공고를 통해 입사 지원을 하게 되면 서류 전형을 거쳐 면접을 진행하게 됩니다. 면접은 우선 해당 부서의 부서장과 인사부서장이 1차로 진행하며, 1차 면접 통과자는 통상적으로 총지배인과 2차 면접을 보게 되죠. 또한, 매니저나 부서장과 같은 주요 직책은 호텔을 운영하는 회사의 대표이사 면접을 추가로 볼 수 있어요. 물론 조리사와 같이 기술이 필요한 직무의 경우에는 실기 테스트를 보기도 하고요.

영어를 못해도 호텔리어가 될 수 있나요?

편 영어를 못해도 호텔리어가 될 수 있나요?

김 영어를 못해도 호텔리어가 될 수는 있습니다. 하지만 영어를 못하면 호텔리어로서 일하는데 어려움이 있어요. 특히 외국인이 많이 오는 인터내셔널 호텔에서 영어를 못하면 고객응대가 힘들겠죠. 호텔에는 다수의 외국인 직원도 근무하고 있으므로 고객을 직접 응대하지 않는 조리부서 직원들도 영어로 의사소통은 반드시 해야 해요. 인터내셔널 체인 호텔의 경우에는 본사와의 회의도 자주 하는데 영어 실력이 우수하지 않으면 회의 참석이 어렵겠죠. 어학실력은 본인의 노력에 따라 얼마든지 키울 수 있기 때문에 지금 부족하다고 해서 기죽지 말고 열심히 공부해서 실력을 높였으면 좋겠어요.

호텔리어가 되면 일어나는 일들

호텔리어가 되면 어떤 일부터 시작하나요?

편 호텔리어가 되면 어떤 일부터 시작하나요?

김 호텔에는 다양한 직무가 있으므로 시작 업무도 다 다릅니다. 우선 입사를 하면 모든 직원은 호텔 브랜드에 대한 교육부터 받아요. 또한 인력팀의 교육매니저가 주관하는 오리엔테이션을 통해 회사의 규정과 기본 서비스 응대 방법에 대해 배우죠. 이러한 기본 교육을 마친 후에 각 부서에 배치되며 부서의 교육 담당자로부터 부서 업무 수행에 필요한 기본 교육을 받게 되고, 모든 교육을 마친 후에 실제 업무를 수행하게 됩니다.

객실부서의 프런트에서 일할 경우, 호텔에 오시는 고객을 현관에서부터 안내하는 업무를 담당하며 호텔 숙박 프로그램 사용법을 충분히 익힌다면 체크인/아웃 업무를 진행하게 돼요. 또한 객실의 하우스키핑 부서에서 시작한다면 호텔 객실에 제공되는 모든 물품에 대해 숙지하고 청소 방법 등에 대해 배우죠. 식음료 부서는 소속 식당에서 고객에게 제공하는 메뉴를 숙지하고 고객에게 서비스하는 절차를 배우고요.

고객에 대한 서비스가 완전히 숙달될 때까지는 주로 고객을

▲▲ 직원 역량 교육

▲ 직원 오리엔테이션 : 분과토의

▲▲ 직원 오리엔테이션 : 지속적인 직무역량교육을 통한 육성

▲ 직원 오리엔테이션 : 조별과제

안내하고, 메인 메뉴 오더를 받기보다는 간단함 음료 등을 서비스합니다. 조리부서의 경우는 요리 업무에 바로 투입할 수 없으므로 재료 준비 및 음식 손질 업무를 담당하며 가장 중요한 주방 위생에 대해 숙지해야 해요.

호텔리어로 숙련되기까지 시간이 얼마나 걸릴까요?

📝 호텔리어로 숙련되기까지 시간이 얼마나 걸릴까요?

🧑 각 부서마다, 그리고 개인의 역량에 따라 업무의 숙련도 기간 이 다르지요. 객실 프런트 데스크 직원의 경우 최소 3개월 이상의 숙련 기간이 필요하지만, 식음 부서의 경우 1개월 정도면 고객서비 스가 가능할 수도 있습니다. 다만 조리부서는 조리학과를 졸업했 다 하더라도 최소 3개월 이상은 연습을 해야 간단한 조리를 할 수 있어요. 반면에 세일즈부서의 경우는 세일즈 코디네이터(지원 업 무)를 최소 2~3년 경험한 후에 본격적인 세일즈 업무를 담당할 수 있답니다. 또한 기타 사무 부서는 업무에 따라 3개월 이내에 독자 적으로 업무를 수행할 수도 있어요.

출처 : 페어몬트 호텔 홍보 자료

메뉴개발

호텔리어는 항상 서 있어야 하나요?

편 호텔리어는 항상 서 있어야 하나요?

김 거의 그렇죠. 고객을 직접 응대하는 부서의 직원들은 앉아 있기가 힘들어요. 물론 앉아서 고객을 응대하는 부서도 있지만, 대부분의 경우 고객에게 필요한 부분이 있는지 항상 체크해야 하기 때문에 자리에 있지 않고 고객의 상황을 살피기 위해 서있거나 고객 주변을 항상 예의 주시하며 다니게 됩니다. 또한, 주방에서 근무하는 조리부서의 경우도 앉아 있을 수 없겠죠. 그러다 보니 다리가 많이 붓고 관절을 다치는 경우가 생기기도 해요. 따라서 꾸준한 운동을 통해 개인적으로 건강관리에 힘써야 하고, 호텔에서도 직원의 휴게공간을 만들어서 쉬는 시간에 충분히 쉴 수 있도록 배려하고 있답니다.

업무성과는 어떻게 평가받죠?

편 호텔리어는 업무성과를 어떻게 평가받죠?

김 호텔도 기업이므로 보통 1년에 1회 정도 정기적으로 직원에 대한 평가를 실시합니다. 담당 업무를 수행하기 위해 필요한 능력(역량)을 잘 갖추고 있는지, 부서마다 다르지만 개인별로 주어진 판매 목표, 고객만족도, 비용 절감 등을 얼마나 달성했는지 평가해요. 또한 부서원 간의 관계와 팀워크 등에 대해서도 평가하죠. 신입사원의 경우는 입사 후 3개월의 수습 기간 동안 근무 태도, 업무 수행 결과 등에 대해 종합적으로 평가하는데요, 만약 평가가 저조하면 수습이 해지되어 근무를 더 이상 못할 수도 있어요.

편 평가 후에 승진은 어떻게 이루어지나요?

김 승진은 호텔마다 다 다른데요, 보통 일반 기업과 비슷하게 사원에서 주임, 대리로 올라가요. 영업 쪽은 슈퍼바이저Supervisor, 어시스턴트 매니저Assistant Manager, 매니저Manager, 어시스턴트 디렉터Assistant Director, 디렉터Director 이런 식으로 가기도 하고요. 호텔마다 다르지만 기본적으로 충족해야 하는 근무년수가 있어요. 저

▲▲ 신입사원 환영 행사
▲ 우수사원 포상 행사

팀장 워크숍 종료 후 한 컷!

희 호텔은 밴드 1, 2가 사원이고 밴드 3은 주임인데, 보통 밴드 1에서 2로 가려면 2년은 있어야 한다는 기준들이 다 있죠. 페어몬트 호텔은 채용하면 3개월 정도 수습 기간이 있고, 처음엔 1년 계약을 해요. 그 이후에 평가해서 1년 재계약 여부를 결정하고, 2년이 넘으면 정규직과 마찬가지가 되는 거죠. 2년이 되는 시점에 밴드가 하나 올라가는데, 일을 잘하면 그전에 올라갈 수도 있어요. 하지만 이 기준은 우리 호텔의 기준이고, 호텔별로 인사기준은 다를 수 있으니 참고하시면 됩니다.

호텔의 총지배인은 어떤 일을 하는 사람인가요?

편 호텔의 총지배인은 어떤 일을 하는 사람인가요?

김 한마디로 얘기하면 호텔의 모든 일을 총괄 책임지는 사람이라고 생각하면 돼요. 호텔에서 일어나는 모든 일에 다 간섭하고 책임지는 사람이죠. 그게 가장 편안한 정의라고 저는 생각합니다. 그래서 디테일한 하나하나까지 다 챙기는 거죠. 어떻게 보면 호텔 일은 남자보다는 여자에게 더 적합한 직업일 수도 있어요. 과거에는 남자 총지배인이 많았지만, 요즘은 많이 바뀌어서 여자 총지배인도 계속 생기고 있어요. 직원의 비율도 55 대 45 정도의 비율로 여직원이 더 많고요. 여성이 유리천장을 깨고 올라갈 기회가 더 많은 곳이 호텔이라고 생각해요. 여성 파워가 큰 산업군 중에 하나가 호텔이죠.

연봉과 복지는 어떻게 되나요?

편 호텔리어의 연봉과 복지는 어떻게 되나요?

김 연봉은 호텔의 규모와 매출 등에 따라 다를 수 있어요. 기본적으로는 기본 연봉과 연장 근무에 따른 수당 및 직책(팀장, 지배인 등)에 따른 수당이 있으며, 성과에 따라 보너스를 지급하기도 해요. 또한, 세일즈부서의 경우 목표 달성도에 따라 개인별 인센티브Incentive를 받을 수 있고요. 복지는 회사의 기준과 상황에 따라 다르나 기본적으로 각종 선물(생일, 명절 등)과 경조금(결혼, 부모님 회갑 등)이 지급되며, 근속에 따라 포상(5년, 10년, 15년 등)을 시행하기도 하고, 직원의 건강과 여가활동을 위한 지원도 하죠. 호텔리어의 가장 큰 복지 혜택은 본인이 속한 브랜드 호텔을 이용할 경우 할인을 받을 수 있다는 점인데요, 인터내셔널 체인 호텔의 경우는 같은 체인 내의 타 호텔을 이용할 때도 할인을 받을 수 있으며, 외국에 있는 같은 체인 호텔을 이용할 때도 적용됩니다. 본인은 물론 가족이나 지인이 이용할 때도 할인을 받을 수 있으니 주변에 호텔리어 친구가 있다면 정말 좋겠죠? 최근 몇 년 간은 코로나 유행으로 인해 해외에 못 나가니까 활용을 많이 못했지만, 예전에는 직원들이 이 복지 혜택을 많이 사용했어요. 보통 1박에 200불 이상 지불해야 하는 고급 호텔도 직원가로 68불, 70불에 이용할 수도 있거든요. 거기다가 F&B도 할인되고요. 체인 호텔에 있으면 좋은 점이 바로 그런 거죠. 해외에 있는 호텔들을 비교적 저렴하게 사용할 수 있는 큰 장점이 있습니다.

정년퇴직 후에는 어떤 일을 하나요?

🈂 퇴직 후에는 어떤 일을 하나요?

🈖 호텔리어로 근무하다가 퇴직을 해도 다양한 분야에서 계속 근무할 수 있어요. 자신의 전문지식을 바탕으로 개인사업(전문 레스토랑 운영 등)을 하기도 하고, 호텔 관련 컨설팅을 한다든가, 용역회사를 설립하여 호텔과 관련된 다양한 용역(주차, 객실정비, 인력수급 등)을 수행하기도 해요. 또는 학교에 가서 후배를 양성하는데 매진하는 분들도 계십니다.

🈂 대표님의 퇴직 후 계획은 어떻게 되세요?

🈖 아직 퇴직 후 계획을 구체적으로 세우지는 않았어요. 그동안 거의 쉼 없이 달려왔기 때문에 사실 좀 쉬고 싶은 생각이 있고요. 기회가 닿는다면 호텔리어를 꿈꾸는 청소년이나 후배들에게 실전이 가미된 교육을 시켜보고 싶어요. 또한 앞에서도 언급했지만 우리 고유의 브랜드를 가진 최고의 호텔 체인을 만드는 작업을 하고 싶은 계획도 있습니다. 제가 꿈은 크고 원대하게 가지라고 여러분들에게 얘기한 것처럼 저도 나이는 있지만 큰 꿈을 갖고 싶군요.

이직이나 전직을 많이 하나요?

편 이직이나 전직을 많이 하나요?

김 최근 수년 동안 국내 호텔 숫자가 폭발적으로 증가하면서 다른 호텔로 이직하는 일이 많아졌어요. 회사 입장에서는 직원의 이직률이 높아지는 것이 꼭 좋은 것만은 아니에요. 가능하면 오랜 기간 같은 회사에서 성장하여 회사에 기여하고 본인도 성장하는 게 좋겠죠. 하지만 한 호텔 내에서 성장하는 데 한계를 느끼거나 평소 본인이 일해보고 싶은 호텔 브랜드가 있다면 이직을 하는 것도 좋을 것 같아요. 최근에 새롭게 오픈을 준비하고 있는 럭셔리 호텔이나 제주와 같은 휴양지의 호텔로도 이직 기회도 많아지고 있어서 본인의 가치관과 노력에 따라 이직은 얼마든지 가능해요. 업무를 바꾸는 전직의 경우는 같은 호텔 내에서도 그 기회가 열려 있다고 생각하고요. 다만 이동하려고 하는 부서의 업무 수행에 필요한 역량과 기술을 보유하고 있지 않다면 쉽지 않을 거예요. 하지만 기본적으로 호텔 내에서의 전직은 크게 어려운 것은 아니니 본인의 의지와 노력에 달려 있겠죠.

사회에서 중요한 직업군으로 자리 잡을까요?

편 사회에서 중요한 직업군으로 자리 잡을까요?

김 K-콘텐츠 열풍에 따른 외국 관광객의 지속적인 증가와 워라벨(일Work과 삶Life의 균형Balance)을 추구하는 레저 고객의 증가로 호텔산업은 앞으로 우리나라 경제에 중요한 부분을 차지할 겁니다. 따라서 호텔은 계속적으로 증가하고 다양한 유형으로 발전해 갈 것이고요. 당연히 호텔에 필요한 인적자원의 중요도가 더욱 높아지겠죠. 과거에는 국내 인터내셔널 호텔의 총지배인과 관리자들이 외국인으로 채용이 되었으나 최근에는 한국인이 그 자리를 대체하고 있어요. 따라서 앞으로 많은 기회가 호텔리어를 희망하는 여러분에게 주어질 거라 생각해요.

편 인공지능이 호텔리어를 대체할 수 없을까요?

김 네. 물론 인공지능이 호텔에 적용될 수는 있을 거예요. 현재도 간단한 물품 운송은 로봇이 수행하는 등 일부 분야에서는 인공지능 시스템을 사용하는 걸 볼 수 있고요. 하지만 호텔리어의 업무를 대체하는 건 쉽지 않을 겁니다. 특히, 최고급 서비스를 지향하는 럭셔리 호텔에서의 고객서비스는 호텔리어의 진심 어린 자세와 마음을 함께 전달하는 것이 무엇보다 중요하지 않을까요? 우리가 정말 소중하게 생각하는 사람을 상대할 때 그 사람의 눈을 바라보며 서로의 감정을 느끼고 이야기하는 것과 같은 이치 아닐까 생각해요.

특별한 호텔을
소개합니다

자, 그럼 지금부터는 여러분에게 특별한 호텔들을 소개해 드릴까 합니다.

소개에 앞서서 크게 네 가지로 구분하여 이야기 해볼까 하는데요. 오랜 역

사를 보유한 호텔들과 특별한 장소나 지역에 있는 호텔들, 특이한 소재로

만들어진 호텔들, 그리고 디자인이 참신한 호텔들에 대한 설명과 함께 호텔

사진도 보여드리겠습니다.

역사가 오래된 호텔들

 니시야마 온천 게이쿤, 일본 705년

출처 : travelandleisure / hotelsimona

세계에서 가장 오래된 호텔은 일본 니시야마에 있는 "니시야마 온천 게이쿤"으로 705년에 문을 열어 한 가족이 52대에 걸쳐 지금까지 영업을 하고 있으며 가장 오래된 호텔로 기네스북에 등재되어 있습니다.

메이즈 헤드 호텔Maids Head Hotel, 영국, 1287년

출처 : 공식 홈페이지

영국에서 가장 오래된 호텔을 놓고 경쟁하는 메이즈 헤드 호텔은 800년의 역사를 가지고 있어요. 1287년 노리치 법원 기록에 따르면 "Robert fowler가 Cook Rowe의 여관 주인에게서 물건을 훔쳤습니다."라고 나와 있어서 이곳이 숙박시설이었다고 알려지게 되었죠. 현재 건물의 가장 오래된 부분은 15세기로 거슬러 올라가며, 여기에는 오늘날 세련된 애프터눈 티가 제공되는 멋진 나무 패널 오크 룸이 있습니다.

올드 홀 호텔Old Hall Hotel, 영국, 1537년

출처 : outandaboutinparis

현재 영국 벅스턴에 있는 올드 홀 호텔 자리에는 천 년이 넘는 세월 동안 넓은 홀이 있었다고 해요. 그리고 현재 건물의 가장 오래된 부분은 1573년에 지어진 것으로, 엘리자베스 1세 여왕의 명령에 따라 스코틀랜드의 메리 여왕을 가두었던 4층 타워의 일부였습니다. 그 뒤 1727년부터 호텔이 되었고 지금까지 많은 관광객들이 찾는 명소가 되었죠. 여러분들이 잘 아는 소설 『로빈슨 크르소』의 저자 대니엘 디포가 여행하는 동안 이곳에 머물렀다고 하네요.

그립스홀름스 베르스후스Gripsholms Vardshus, 스웨덴, 1609년

출처 : 구글

1493년 Carthusian 수도원의 기초 위에 지어진 그립스홀름스 베르스후스 호텔은 1609년부터 영업을 시작하여 스웨덴에서 가장 오래된 호텔이 되었죠. 호텔 리노베이션 기간 동안 건물 아래에서 발굴된 500년 된 나무로 만든 침대를 아직까지 보유하고 있어서 투숙객들이 이 침대에서 잠을 잘 수 있습니다.

자메이카 인Jamaica Inn, 영국, 1750년

출처 : 공식 홈페이지

자메이카 인은 1750년에 마차 여관(철도가 출현하기 전에 여행자와 말을
위한 일종의 숙박시설)으로 개장했다고 합니다. 특히 이곳은 근처 코니
시와 데본 해안에 짐을 들고 상륙하는 거친 술 밀수꾼의 은신처로 명
성을 얻었다고 해요. 그래서인지 한때 이 호텔의 이름이 불법 밀수된
술(럼주)을 기념하는 이름으로도 인식되었대요.

특별한 장소에 있는 호텔

코코펠리 케이브 베드 앤드 브렉퍼스트Kokopelli Cave Bed and Breakfast

출처 : https://www.tripadvisor.com/Hotel_Feature-g47029-d117580-zft1-Kokopelli_Cave_Bed_and_Breakfast.html

미국 중부를 여행 중이라면 자연과 함께 할 수 있는 파밍턴 지역을 한 번쯤 들러보는 것을 추천합니다. 이곳은 Lions Wilderness Disc 골프 코스로도 유명하죠. 그중에서도 모험하는 듯한 기분이 드는 코코펠리 케이브 호텔은 멋진 자연 동굴 안에 객실이 있고 럭셔리한 주방과 자쿠지가 있어요. TV는 필요하지 않죠. 왜냐하면 문을 열고 나가면 멋들어진 석양과 다양한 동물들로 모든 방문자들에게 가슴 뛰는 경험을 주는 호텔이거든요.

스카이롯지 어드벤처 스위트Skylodge Adventure Suites

출처 : https://www.aracari.com/es/our-services/accommodations/starlodge-adventure-suites/

아찔한 투숙 경험을 하고 싶은 분들은 페루에 있는 절벽의 호텔 스카이롯지 어드벤처 스위트에 꼭 가보시길 바랍니다. 최고의 전망은 기본이고 숙박시설과 훌륭한 음식, 고객들의 안전까지 지켜주는 직원들의 친절한 서비스로 2022년 여행자들이 최고의 호텔 중 하나로 뽑히기도 했답니다. 또한 여행을 완벽하게 만들어주는 가이드의 안내로 페루를 여행하는 동안 이곳에서 투숙하는 순간을 최고로 뽑기도 했고요. 가이드와 함께하는 암벽등반, 짚라인 등 평생 잊지 못할 아찔하고 짜릿한 추억을 안고 갈 수 있을 거예요.

킨타 레알 사카테카스Quinta Real Zacatecas

출처 : 공식 홈페이지

여러분은 영화 <벤허>를 모르겠지만, 저는 재미있게 본 기억이 있어
서 중세 시대 경기장만 봐도 가슴이 벅차네요. 멕시코의 사카테카스
에는 투우 경기장을 그대로 호텔로 운영하는 곳이 있어요. 바로 사카
테카스 센트로 역사의 중심부 근처에 위치한 킨타 레알 사카테카스
라는 곳입니다. 예전 건물을 아름답게 복원하여 고급스러운 호텔로
만들어놨죠. 스페인 정복 시대를 잘 알려주는 안내서와 함께 투숙객
들과 자전거 투어도 한답니다. 무엇보다도 이곳은 음식이 맛있고 예
식장이 예쁘게 되어 있어서 결혼을 하려는 커플들이 선망하는 곳이
기도 하죠.

포세이돈 언더씨 리조트 Poseidon Undersea Resort

출처 : https://www.telegraph.co.uk/travel/hotels/galleries/the-worlds-best-underwater-hotels/

피지 바닷속에 있는 럭셔리 호텔을 소개해드릴게요. 바로 포세이돈 언더씨 리조트입니다. 개인용 잠수함을 타고 석호를 통과하고, 1,000피트 높이의 고급 잠수정을 타고 깊은 바다를 탐험하고, 스킨스쿠버다이빙을 할 수 있는 호텔이에요. 또한 지상과 바닷속에 위치한 고급 레스토랑에서 최고의 요리를 선보이고 있어 눈과 입이 모두 즐거운 호텔이죠. 도서관, 라운지, 극장, 웨딩홀, 골프 코스, 테니스코트, 전용 스플래시 홀도 있어서 투숙하는 동안 몸과 마음에 휴식과 건강을 찾을 수 있어요. 무엇보다도 '바닷속'이라는 최고의 놀이터가 있는 곳이죠.

호텔 코스타 베르데Hotel Costa Verde : 보잉 727 비행기 호텔

출처 : drinkteatravel(https://drinkteatravel.com/costa-verde-hotel-costa-rica/)

코스타리카에는 실제 비행기를 호텔로 개조한 곳이 있습니다. 바로 호텔 코스타 베르데인데요, 실제 남아프리카 항공이 사용했던 1965년식 보잉 727을 호텔로 개조해 코스타 베르데 국립공원 내에서 운영 중이에요. 상공 50피트에 위치하여 인접한 바다와 정글의 풍경을 바라보며 실제 비행 중인 것과 같은 느낌을 받을 수 있는 특별한 호텔이죠.

팔라시오 드 살 호텔Palacio de Sal : 소금 호텔

출처 : 유니크호텔 (https://www.uniqhotels.com/palacio-de-sal)

볼리비아의 우유니 사막에 위치한 팔라시오 드 살은 세계 최초의 소금 호텔이에요. 백만 개 이상의 소금 블록으로 지어진 이 호텔은 장마가 지나고 나면 10퍼센트가량 유실되어 새롭게 재건축이 이루어지는 특징이 있습니다. 소금 블록으로 이루어진 호화로운 호텔인 것도 놀라운데 장마가 지나도 10퍼센트 밖에 유실되지 않는 다니, 소금으로 만들어졌다고 해서 혹시나 무너지지 않을까 걱정할 필요는 없을 것 같네요.

아이스호텔Icehotel :
세계 최초이자 최대의 얼음 호텔

출처 : 구글(https://www.goodhousekeeping.com/uk/lifestyle/travel/g26005891/
icehotel-sweden-holidays/)

스웨덴에 위치한 아이스호텔은 1989년 시작되어 지금까지도 매우
독특한 호텔로 그 명성을 유지하고 있어요. 매년 새롭게 지어져 12월
부터 다음 해 4월까지 운영되는데요, 오로지 현장 방문으로만 이용
이 가능하며 해마다 달라지는 예술 전시회까지 함께 즐길 수 있는 훌
륭한 호텔로 운영되고 있습니다.

산토스 익스프레스Santos Express :
인도양 전망을 가진 기차 호텔

출처 : 공식 홈페이지

남아프리카공화국의 현지인들에게 '기차'라는 이름으로 알려진 산토스 익스프레스는 인도양 해변에서 불과 30미터 떨어진 곳에 위치하여 모든 객실에서 인도양의 훌륭한 전망을 감상할 수 있습니다. 1994년 문을 연 이 호텔은 국가적인 교통 유산을 훌륭하게 보존함은 물론, 광활한 인도양과 근접해 있는 만큼 푹푹 찌는 더운 날씨에도 상쾌한 바닷바람을 호텔 곳곳에서 느낄 수 있죠.

칵슬라우타넨 아크틱 리조트Kakslauttanen Arctic Resort :
유리 이글루에서 즐길 수 있는 오로라

출처 : 칵슬라 공식 홈페이지

핀란드 북부 라피 지역에 위치한 칵슬라우타넨 아크틱 리조트는
북극성은 물론 쏟아지는 듯한 별들과 오로라를 경험할 수 있는
최고의 리조트입니다. 빼어난 자연 경치와 더불어 세계 어느 곳
에서도 볼 수 없는 유일무이한 북극의 밤하늘을 볼 수 있어요. 유
리 이글루로 만들어진 객실에서의 숙박은 모두에게 평생 잊을 수
없는 환상적인 경험을 제공할 거예요.

더 예이스The Yays :
크레인에서의 하룻밤

출처 : https://yays.com/cities/amsterdam/east/the-crane-apartment/

네덜란드 암스테르담엔 크레인으로 만들어진 호텔이 있어요. 1957
년에 만들어진 크레인은 이 지역이 공업지대에서 젊은이들의 창의적
인 공간으로 바뀌는 시간을 함께하며 크레인 원래의 임무는 뒤로한
채 3층짜리 고급 아파트로 변모했죠. 환상적인 일출과 일몰을 볼 수
있는 전망은 물론 호화로운 욕실과 주방은 단순히 암스테르담에서의
하룻밤을 체류하는 것이 아닌, 도시의 역사와 함께 하루를 보내는 특
별한 경험을 하게 될 것입니다.

더 트리 하우스 The Tree House :
나무 위 호텔

출처 : https://www.holidaytracker.nu/sweden-vaesterbotten-granoe-beckasin-ab/

스웨덴의 뛰어난 경관을 자랑하는 곳에 새의 둥지처럼 나무 위에 지어진 트리 호텔을 소개해 드릴게요. 대자연을 느낄 수 있는 호텔이라 매일 주변으로 눈부신 설원과 아름다운 순록들을 만날 수 있어요. 특히 나무에 달려있는 다양한 객실들 중에 UFO를 닮은 독특한 모양의 객실은 이곳을 찾는 아이들에게 많은 사랑을 받고 있죠.

리처드 캠프Richard's Camp :
아프리카 초원에 있는 천막 호텔

출처 : 리처드 캠프 공식홈페이지

아프리카 케냐에 있는 리처드 캠프는 태양열로 구동되는 호화로운 텐트입니다. 아프리카의 한적한 초원 지대에 위치한 텐트 안에서 주변 경관을 감상할 수 있고, 별이 가득한 밤하늘 아래에서 황홀한 저녁 식사를 즐길 수 있어요. 또한 가이드의 안내를 받아 다양한 동물을 직접 눈앞에서 볼 수 있는 게 가장 큰 장점이죠.

디자인이 참신한 호텔

 프라란 호텔Prahran Hotel :
파이프, 배관 모양의 디자인

출처 : 공식 홈페이지

호주 멜버른에 있는 프라란 호텔은 거대한 콘크리트 파이프로 제작되었어요. 멜버른을 대표하는 건축물로 선정되기도 했죠. 또한 호텔 내 레스토랑에서는 호주산 소고기 요리를 저렴한 가격으로 즐길 수 있다고 해요.

스핏뱅크 포트 호텔Spitbank Fort Hotel :
바다 위 군사시설 개조

출처 : countryliving (https://www.countryliving.com/uk/homes-interiors/
property/a33653860/solent-forts-portsmouth-for-sale/)

이 건물은 1867년 나폴레옹의 침공을 방어하기 위해 지어진 바다 위 요새인데요. 2차 세계대전 시 심각한 피해를 입어 방치했다가 최근에 호텔로 탈바꿈했죠. 호텔에 가기 위해서는 헬리콥터나 보트를 타야 하지만, 투숙객들은 마치 무인도에 있는 듯한 휴양을 즐길 수 있다고 하네요.

어트랩 리브스Attrap Rêves : 버블 돔 모양 호텔

출처 : narcity.vancouver (https://www.narcity.com/vancouver/12-unusual-hotels-around-world-need-stay-die/8-attrap-reves-hotel-france)

프랑스의 자연을 느낄 수 있는 버블 돔 모양의 어트랩 리브스 호텔은 디자이너 피에르 스테판 뒤마Pierre Stephan Dumas가 디자인한 호텔로 재활용이 가능한 재료로만 만든 친환경 호텔입니다. 각 객실이 자연의 한가운데 있어서 다른 투숙객과 마주칠 기회가 없을 정도로 외딴 느낌을 주지만, 야외 자쿠지를 이용할 때면 고요한 자연을 오롯이 느낄 수 있을 정도로 행복한 경험을 주는 호텔이에요. 또한 무료 망원경으로 밤하늘을 바라보는 것만으로도 여행을 로맨틱하게 만들어 주죠. 아침이면 피크닉 바구니에 따뜻한 크루아상, 보온병에 담긴 향기 좋은 커피와 신선한 주스를 자연에서 즐길 수 있다는 것만으로도 한 번쯤은 꼭 가볼 만한 호텔입니다.

라 코르비에르 라디오 타워La Corbière Radio Tower : 전망대 호텔

출처 : 구글

2차 세계대전 중 노르웨이에서 루아르까지 뻗어 있는 15,000개의 구조물로 구성되었고, 히틀러의 대서양 장벽 방어의 일환으로 독일군이 세 개의 거대한 전망대를 건설했어요. 그들의 목적은 바다로 목표물에 대한 포병 사격을 지시하는 것이었죠. 그중 하나인 라 코르비에르 라디오 타워는 놀라운 요소가 있는 휴가용 숙박시설로 이용 가능합니다. 5,000개 이상의 시멘트 봉지로 만들어진 이곳은 육지와 바다 모두에서 진정으로 인상적인 장소예요.

마르케스 데 리스칼Marqués de Riscal

출처 : 공식 홈페이지

건축학계의 노벨상인 프리츠커상을 받은 프랭크 게리Frank Gehry
가 디자인한 마르케스 데 리스칼은 2006년에 공개된 이후로 많은 사
람들이 찾는 현대적이고 고급스러운 휴양지가 되었어요. 디자인, 예
술, 요리법, 와인 및 녹음이 우거진 풍경이 모두 결합되어 스페인 중
세 도시에서 기억에 남는 체류를 만들죠. 호텔의 고급스러운 인테리
어에는 게리의 디자인이 고스란히 담겨 있는데요, 기울어진 벽, 지그
재그 창문, 대성당 높이의 천장, 다양한 맞춤형 세부 사항이 43개의
객실과 스위트룸에서 예술 작품과 같은 인상을 줍니다.

우리나라의 특별한 호텔

웨스틴 조선 호텔 : 현존하는 가장 오래된 서양식 호텔

출처 : 공식 홈페이지

조선 호텔은 1910년 이후 철도간선이 완공됨에 따라 외국인의 서울 통과가 많아지자 양식 호텔의 필요성이 생겨 건설한 근대식 호텔입니다. 1914년 9월 20일에 준공되어 같은 해 10월 10일 개관했어요. 1950년대 중반 이후까지 반도호텔과 더불어 가장 큰 호텔이었고, 1979년 10월 호텔명이 전 세계 최대 호텔 체인인 메리어트 산하 웨스틴으로 변경되었죠. 1983년 6월에는 삼성그룹이 인수했고, 1995년 6월에는 신세계그룹이 웨스틴 체인의 투자 지분을 완전히 인수했어요. (서울 중구 소재)

그랜드 워커힐 서울 : 서울에서 가장 큰 부지에 있는 호텔

출처 : 공식 홈페이지

서울 광진구에 있는 그랜드 워커힐 서울은 한국전쟁 후 한국에 적당한 휴양지가 없어 일본으로 떠나는 주한미군을 대상으로 1961년에 개관했어요. 워커힐이라는 이름도 한국전쟁에 참전했던 해리슨 월턴 워커Harris Walton Walker 전 미8군 사령관을 기념한 것입니다. 1973년 선경그룹(현재 SK그룹)이 인수하여 지금까지 호텔을 운영하고 있죠. 호텔이 있는 부지는 총 14만 5천 평으로 아차산을 뒤로 한강을 마주하고 있어요. 넓은 부지에 있는 만큼 호텔 객실 외 다양한 부대시설이 있는데요. 외국인 전용 카지노는 물론 서울시에서 가장 큰 야외수영장이 있답니다.

그랜드 하얏트 제주 : 객실이 가장 많은 호텔

출처 : 공식 홈페이지

제주시 노형동에 위치한 그랜드 하얏트 제주는 국내 단일 호텔로는 가장 많은 객실을 보유하고 있어요. 총 1,600개의 객실이 있으며, 외국인 관광객만 입장할 수 있는 카지노와 다양한 쇼핑 공간도 보유하고 있답니다. 제주 공항에서 매우 가깝고 38층의 쌍둥이 빌딩으로 제주에서 가장 높은 건물이기도 하죠.

경원재 앰배서더 인천 : 5성급 한옥 호텔

출처 : 공식 홈페이지

대한민국 최첨단 국제도시 인천 송도의 현대적인 빌딩 숲속에서 고
풍스러운 전통미를 뽐내며 장관을 연출하는 경원재 앰배서더 인천
은 특급 호텔 서비스가 접목된 5성급 한옥 호텔로 2015년에 개관했
어요. 한국의 멋과 맛을 경험할 수 있는 한식당, 웅장한 한옥 느낌의
회의실 및 연회장 그리고 넓은 야외 마당을 갖추었죠. 호텔 건축에
는 대한민국을 대표하는 명장들이 참여하여 한옥의 완성도를 높였
다고 해요.

썬크루즈 호텔 : 유람선을 닮은 호텔

출처 : 공식 홈페이지

강원도 정동진에 위치한 썬크루즈 호텔은 절벽 위에 세워진 유람선 모양의 호텔이에요. 2001년 12월에 오픈한 썬크루즈는 바닷가 해발 60m 산 정상에 위치하여 전 객실에서 정동진 앞 바다를 조망할 수 있으며, 한 시간에 한 바퀴씩 도는 회전식 스카이라운지와 전망대가 있습니다. 이렇게 유람선을 디자인으로 호텔을 지은 것은 세계 최초 라고 하네요.

페어몬트 앰배서더 서울 : 디자인이 참신한 호텔

출처 : 공식 홈페이지

페어몬트 앰배서더 서울은 여의도 파크원 단지 내 있으며, 2007년 프리츠커상을 받은 세계적인 건축가 리처드 로저스가 설계한 호텔입니다. 건물의 무게를 견뎌내는 모서리의 철제 구조물을 외부에 그대로 노출시켜 한옥의 기둥을 형상화했으며, 외부로 드러난 붉은 골조는 단청에서 영감을 받았다고 해요. 또한, 100년이 넘는 역사를 자랑하는 최고급 호텔 브랜드인 페어몬트의 럭셔리 서비스를 통해 고객에게 잊지 못할 기억을 선사하고 있답니다.

호텔리어 김기섭
스토리

📕 대표님이 호텔리어가 된 계기에 대해서 말씀해 주세요.

📗 대학에 재학 중일 때 미래에는 어떤 산업이 주목받을까 고민하고 있었는데, 우연한 기회에 호텔에 관한 정보를 접하게 됐어요. 앞으로 우리의 소득 수준이 올라가고 경제가 좋아지면서 레저와 관광산업이 발전할 거라고 생각했죠. 전망도 좋아서 호텔에 입문하게 됐어요.

📕 이 직업을 선택했을 때, 부모님께서 지지해 주셨어요?

📗 당시에는 호텔에 취직한다고 하면 반대하는 부모님도 많았는데, 잘 알아서 하라고 믿어주셨어요. 그 시절만 해도 호텔에서 서비스하는 사람에게는 '보이'라는 표현을 더러 썼잖아요. 하대하는 표현이죠. 당시 그룹 공채에 여섯 명이 합격했는데, 그중 한 명이 사장님과 인터뷰를 할 때 여자 친구의 부모님이 자신이 호텔리어를 직업으로 택한 것 때문에 결혼을 반대한다고 얘기하더라고요. 당시 호텔 사장님이 서울대학교 경영학과를 나온 분이었는데, 시각이 많이 달라지고 있고 사람들이 호텔에 대해 궁금해하기 때문에 앞으로는 좋은 직업군으로 인식해 갈 거라고 하셨어요. 시간이 흐른 지금은 모두들 선망하는 직업이 되었으니, '직업에 대한 인식이 이렇게 바뀌는구나.' 싶기도 합니다.

호텔 라운지에서

저도 미래 비전을 보고 이 직업을 선택해 지금까지 오게 됐지만, 저는 정말 잘한 결정이라고 생각해요. 긴 시간을 한 가지 업에 매진하다 보니 이 위치까지 왔고요.

편 어떻게 이렇게 긴 시간 동안 한 길을 계속 걸어오신 건가요?

김 이 위치까지 올 수 있었던 가장 큰 이유는 성실함과 꾸준함이라고 생각해요. 저는 요즘도 아침 6시에 호텔에 출근해요. 제가 한 우물만 파는 걸 최고의 가치로 알았던 기성세대이기도 하고요. 저희 집이 인천이었는데, 처음 근무한 호텔까지 왕복 출퇴근 시간만 네 시간 삼십분에서 다섯 시간 정도 걸렸어요. 거리로는 하루에 110km 정도 됐을 거예요. 이후에는 일산으로 이사를 해서 계속 다녔죠. 지금은 그나마 집에서 호텔까지 편도 33km라 짧아진 거예요. 호텔에서 근무한 기간만 30년이 넘으니까 정말 꾸준하게 다닌 거죠.

호텔리어라는 직업인으로서 살아올 수 있었던 또 하나의 이유는 바로 '목표'예요. 처음에 입사할 때 임원이 되겠다는 생각은 했지만 오랫동안 지원 부서, 세일즈 마케팅, 신규사업, 재무, 기획 같은 업무를 했기 때문에 총지배인이 될 거라고는 생각하지 못했어요. 예능팀장이라는 직책도 수행하고 별의별 팀의 업무를 다 경험했죠. 예능팀장이라는 자리는 라스베이거스에 있는 호텔에나 있지 국내의 다른 호텔엔 없는 포지션이거든요. 그 후 총지배인으로 발탁이 되었고, 그러면서 MOT 선상에 있는 팀들과 일하게 됐죠. 이렇게 여러 부서를 경험하면서 호텔의 구조는 잘 알았어요. 왜냐하면 세일즈팀도 했고, 구매 담당도 해서 제가 조리 파트 직원보다 식자재에 대해서도 더 잘 알게 됐거든요. 반드시 임원이 되겠다는 목표를 세우고 이 길을 걸어왔기 때문에 지금의 제가 있다고 생각해요.

편 대표님과 대화를 나누다 보니까 이 책을 읽는 학생들이 호텔리어의 길로 들어선다면 목표를 갖는 게 중요하겠네요.

김 그럼요. 저는 처음에 직원들과 대화를 하게 되면 꿈이 뭔지, 미래 비전은 뭔지 꼭 물어봐요. 호텔에 있으니까 총지배인이 되고 싶다고 얘기하는 친구도 있고, 조리하는 친구들은 개인 사업장을 경험해 보고 싶다는 친구도 있지만 꿈이 없는 친구들도 있어요.

편 호텔에서 호텔리어로 일을 시작하면서 왜 꿈이 없을까요?

김 그건 저도 잘 모르죠. 얘기해 보면 정말 자신의 꿈이 있기도 하고, 윗사람이 물어보니까 급하게 둘러대기도 하고, 아예 꿈이 없기도 해요. 다양합니다. 기업이 중장기 계획을 세우듯이 개인도 마찬가지예요. 저는 새해가 되면 그 해의 목표도 정해보고, 10년, 20년, 30년 후의 미래의 비전을 그리는 연습을 지금도 계속하고 있어요. 업무를 할 때도 항상 계획을 세우고 체크를 하죠. 저는 하루의 일과를 시간대별로 적고 체크하는 습관이 있어요. 모든 일을 진행하는 데는 반드시 계획이 있어야 한다고 생각해요.

페어몬트호텔 오프닝 행사 : 직원과 함께

편 대표님은 호텔리어로서 오랜 시간 일하셨고 지금은 경영자 자리에 계시는데, 호텔리어가 되기 전의 자신과 지금은 어떤 차이가 있는 것 같으세요? 이 직업을 통해 자신의 인생이 어떻게 변화했나요?

김 사람에 대한 믿음이 더 깊어지기도 했고, 사람에 대해 크게 실망하기도 했죠. 두 가지 면이 다 있습니다. 그리고 직업적으로 가장 좋은 건 자신이 좋아하고 잘 맞는 일을 하는 건데요, 호텔리어라는 직업이 저와는 잘 맞았던 것 같아요. 초반에는 제가 워낙 내성적이어서 사람을 대할 때 어려움이 있었는데, 다양한 사람을 만나 대화하면서 더 많이 배려하게 되고, 성격도 외향적으로 바뀌었어요. 그래서 개인적으로는 호텔리어가 된 걸 잘한 결정이었다고 생각해요. 이 직업을 통해 다방면으로 새로운 것들을 끊임없이 접할 기회가 주어졌고, 그런 기회들이 저의 발전에 많은 도움이 됐죠.

편 호텔리어 김기섭 대표님의 계획은 어떻게 되나요?

김 지금은 페어몬트 호텔의 대표로 근무하고 있지만, 몇 년 후에 퇴직하게 된다면 컨설팅도 하고 싶고, 제대로 된 호텔리어도 육성하고 싶어요. 좋은 학교와 학원들도 많지만, 제대로 된 교육과 실무적인 것들을 알려주고 싶거든요. 사실 대학교육은 전인교육이지

전문가를 키우는 곳은 아니에요. 오히려 그전에 있었던 전문대학이 더 전문가를 키우는 과정인 것 같아요. 그래서 제 개인적인 소견으로는 전문대 제도가 있어야 한다고 생각하고요. 전문적인 직업인으로서의 호텔리어를 양성하는 곳에 가서 후학을 양성하고 싶다는 생각을 하고 있습니다.

우리나라 서비스의 품질력과 경쟁력은 세계 최고라고 생각해요. K-컬처라고 하는 K-팝, K-드라마, K-푸드처럼 좋은 소프트웨어 중의 하나가 우리의 서비스죠. K-서비스라는 용어를 아직 많이 사용하지는 않지만 우리나라 서비스 수준은 세계 최고이고, 많은 사람들도 이 부분에 동의해요. 이런 서비스가 궁극적으로는 우리나라뿐만 아니라 해외에 널리 알려져야 한다고 생각해요. 우리나라에도 호텔이 많지만 결국에는 외국의 글로벌 체인 브랜드의 호텔들이거든요.

앞에서도 언급했지만 대부분은 외국의 호텔 브랜드 운영 계약을 통해 운영하고, 우리는 수수료를 지불하는 구조로 되어 있어요. 그들은 무형자산으로 수익을 창출하는 거죠. 저는 우리도 충분한 콘텐츠와 서비스 수준을 갖고 있다고 판단하기 때문에 한국적인 호텔 체인을 만들어서 글로벌하게 뻗어 나가면 좋겠어요. 우리나라의 호텔이 K-서비스, K-푸드, K-컬처를 널리 전파하는 한국 문화의 전도사 역할을 충분히 해낼 수 있다고 자부합니다.

편 30년 넘게 호텔리어의 길을 걸어온 대표님 자신에게 하고 싶은 말이 궁금합니다.

김 한마디로 "장하다 김기섭!"^^ 저는 호텔리어라는 직업을 제 스스로 선택해서 30년을 넘게 한 길만을 달려왔어요. 중간중간 어려운 일도 있었죠. 같이 일하는 직원, 고객과의 갈등이 왜 없었겠습니까? 그런데 이렇게 생각해요. '세상을 살면서 문제가 없을 수 없다. 문제는 반드시 생긴다. 하지만 그 문제를 현명하고 슬기롭게 풀어가고 헤쳐나가는 게 인생이다.' 인생을 사는데 정답이 있을까요? 그렇지 않아요. 내 마음과 내 생각대로 움직이지 않는 게 세상사예요. 하지만 좀 더 주도적으로 자기 삶을 움직이려면 여러 가지 준비가 되어야겠죠? 청소년 여러분이 지금 공부하는 것도 그 준비의 일환이라고 보면 좋을 것 같아요.

이 책을
마치며

편 지금까지 장시간의 인터뷰였습니다. 이제 마무리할 시간인데, 소감이 어떠신가요?

김 글쎄요. 해줄 말이 많고, 해주고 싶은 얘기도 많은데 아쉽다는 생각이 많이 드네요. 사실 인터뷰를 하면서 제가 한 얘기들이 활자화되어 청소년들이 읽는다고 생각하니 책임감도 많이 느껴졌어요. 한 가지 말씀드리고 싶은 건, 이 책은 호텔을 공부하는 학생을 위한 호텔경영학개론이나 원론 같은 호텔전문서적이 아니라는 점이에요. 직업으로서 호텔업을 선택하려 하고, '호텔리어가 되면 어떨까?', '호텔은 어떤 곳일까?'라는 궁금증을 풀어주는 정도죠. 호텔생활을 오래 한 선배가 후배에게 들려주는 경험담이라 생각하고 편하게 읽어주면 좋겠어요. 호텔을 공부하고 있거나 호텔에서 근무하는 호텔리어의 입장에서 본다면 이 책은 지극히 개괄적이고, 일반적이며, 개인적인 이야기예요. 하지만 직업으로서 호텔리어를 꿈꾸는 학생들에게 호텔이 어떤 일을 하는 곳이고, 어떻게 운영되어 돌아가는가 하는 궁금증을 풀어주는데 조금이나마 보탬이 될 것으로 기대해 봅니다.

편 저는 인터뷰를 하면서 초반에는 학생들이 봉사하고 헌신하는 이 직업이 너무 어려워 보이진 않을까 걱정했어요. 그런데 대표님과 마지막 페이지까지 달려오면서 생각이 바뀌었어요. 모든 사람에게는 타인을 배려하는 고귀한 마음이 있다는 확신이 들었고, 마음속에서 그런 아름다움을 발견한 사람이라면 누구나 호텔리어라는 직업을 꿈꿀 수 있다고 생각해요. 호텔리어는 우리 모두에게 열린 아름다운 직업이라는 생각이 들었습니다.

김 호텔리어라는 직업은 고객과 나를 둘러싼 모두에게 열린 마음으로 대할 수 있는 아름다운 직업이 맞습니다. 하지만 편집자님 말씀처럼 '봉사하고 헌신하는 직업'이라고 단정 지으면 곤란한 일이 생길 것 같은데요. 왜냐하면 이 책을 읽는 호텔에 관심이 많던 청소년들이 부담스러워서 호텔리어의 길을 포기할 수도 있겠다는 생각이 들어서요.^^ 호텔에 근무하는 많은 호텔리어들이 타 직종에 근무하는 분들보다 타인에 대한 배려나 이해심이 많은 건 사실이에요. 심성이 착하고 좋은 것도 사실이고요. 사람의 심성은 기본적으로 타고나는 것이지요. 하지만 마음 다스리는 방법과 사회생활 등을 통해 조금씩 변하기도 하거든요. 저 역시 그랬고요. 청소년 여러분들도 나는 그러한 성정이 아닌데 하면서 호텔리어가 되기를 포기할 것이 아니라 자신의 먼 미래와 비전을 미리 만들고, 그 꿈을 성취하기 위해 꾸준히 노력하기 바랍니다.

출처 : 페어몬트 호텔 홍보 자료

Job
Propose 56

페어몬트 호텔에서 바라본 여의도

편 이 책을 읽는 청소년, 군인들 그리고 진로직업에 대해 방황하는 사람들이 어떤 직업인이 되기를 바라시나요?

김 나에게 맞고, 내 성격에 맞는 좋은 직업을 갖는다는 건 정말 어려운 일이죠. 대부분의 나이 든 어른을 붙잡고 한번 물어보세요. "왜 그 직업을 택하셨나요?" 아마 열에 여덟아홉은 "글쎄요"라는 답이 돌아올 거예요. 대부분의 어른들은 자신이 원해서 그 직업을 갖기보다는 사회가 원해서, 살다 보니, 혹은 그때는 그 직업이 유망 직업이라서 갖게 됐다는 대답을 할 거예요. 동서고금을 막론하고 세상을 살아가는 데 있어 정답은 없습니다. 오죽했으면 고대 이집트 피라미드 내벽에도 '요즘 젊은이들은'이라는 문구가 여럿 있고, 철학자 소크라테스나 아리스토텔레스도 젊은이들에 대한 많은 고민을 했겠어요.

저는 여러분이 어떤 직업인으로 성장하기를 원한다기보다는 어떤 직업을 갖더라도 '입장 바꿔 생각易地思之'하는 사람이 되었으면 해요. 사람들은 모두 자기가 유리한 입장에 서기 위해 거짓말도 하고, 싸우기도 하죠. 하지만 서로 입장을 바꿔서 상대방이 왜 그런 생각을 하게 됐고, 그렇게 행동했을까를 생각하면 서로에 대한 오해가 풀리면서 싸우고 다툴 일이 덜해진다는 거예요. 그리고 한 가지 더 첨언한다면 "꾸준히 정진精進하는 직업인이 되세요."라고 말

해주고 싶네요. 제가 표준은 아니지만 흔히 말하는 성공한 위인들을 가만히 들여다보면 한눈팔지 않고 자신이 정한 목표를 향해 말 없이 꾸준하게 정진했음을 알 수 있어요. 청소년 여러분! 되게 쉽지요? 시대가 바뀌고, 세상이 바뀌어도 바뀌지 않은 진리가 바로 '성실誠實'이랍니다.

편 대표님은 호텔리어로서 살아온 삶이 행복하셨나요?

김 한마디로 얘기하라면 "네. 그렇습니다."라고 얘기하고 싶어요. 하지만 30년 넘게 한 길을 걸어오면서 왜 굴곡이 없었겠습니까? 단맛, 쓴맛, 산전수전, 공중전 다 겪어봤지요.^^ 하지만 호텔리어의 삶을 후회하지는 않아요.

우리는 세상을 살면서 매 순간순간 결정을 하면서 살죠. 하다 못해 오늘 점심은 뭘 먹을까 하는 것도 결정이니까요. 그동안 같이 근무하던 동료 직원이나 부하직원이 다른 호텔로 이직하거나, 다른 직업으로 전직을 할 경우에 저는 나중에 덜 후회할 결정을 하라고 조언합니다. 사람은 세월이 지나면 자기가 한 결정에 대해 후회하게 되거든요. 특히나 그 결정으로 인해 일이 수월하게 풀리지 않으면 더 그렇죠. 최대한 후회가 덜 할 결정을 내리는 게 최선의 결정이라고 생각해요. 저는 호텔리어가 되겠다고 결정했던 그 순간,

그리고 호텔리어로서 살아온 지금까지의 제 삶이 모두 잘한 결정이었다고 생각합니다. 그래서 저는 지금 매우 행복합니다.

편 청소년 여러분, 부모님 따라서 호텔에 많이 가죠? 이제 호텔이 다르게 보이겠죠? 저도 한 달 뒤에 휴가 계획이 있는데, 이제는 호텔에 걸려 있는 그림, 저를 맞이하는 호텔리어의 인사와 도움, 호텔의 수많은 시설들이 특별하게 느껴질 것 같습니다. 그동안 우리에게 호텔은 그냥 숙박하는 장소, SNS에 사진을 올려서 자랑하는 정도의 의미였던 것 같아요. 김기섭 대표님을 만나고 긴 시간 동안 대화를 나누면서 호텔은 우리나라의 국격을 상징하는 곳이며, 호텔리어는 우리나라의 서비스 품질을 대표하는 얼굴이라는 걸 알게 되었습니다. 그런 호텔을 이용하는 우리들도 격을 갖추고, 상대방을 배려할 수 있어야 한다고 생각해요. 그리고 타인에 대한 헌신과 배려심이 강한 분들은 이 직업의 세계에 관심을 가져주기를 바랍니다. 이 세상의 모든 직업이 여러분을 차별하지 않고 모든 문을 활짝 열 수 있도록, 잡프러포즈 시리즈는 부지런히 달려갑니다. 다음 편에서 뵙겠습니다! 감사합니다.

나도
호텔리어

숙제는 학생들이 정말 싫어하는 것이지요. 저도 학교 다닐 때 숙제하기가 정말 싫었으니까요. 그래서 숙제라기보다는 호텔리어가 되기 위해 준비해야 할 것들을 몇 가지 알려드리기 위해 질문을 드리고자 합니다.

어학
공부하기

제가 앞에서 "영어는 필수입니다."라고 말씀드렸죠.

그리고 영어 외에 다른 언어도 하나 습득했으면 좋겠어요. 전

세계에서 오는 고객들을 맞이하기 위해서는 말이 통해야 제대

로 된 서비스를 제공할 테니까요.

폭넓은
독서하기

인문학적 소양을 넓히기 위해서 책을 많이 읽으세요! 전 세계 여러 유형의 고객과 만나 소통하기 위해서는 다양한 주제의 대화를 해야 해요. 따라서 여러분이 관심을 갖는 분야 외에 인문학적 소견을 높일 수 있도록 많은 책을 읽어 미리 준비하기 바랍니다. 책을 통한 간접 경험은 여러분에게 소중한 자산이 될 거예요. 요즘은 책보다는 모바일폰이나 TV, PC 등을 통해 우리 세대들보다 더 많은 정보를 습득한다고 하더라고요. 하지만 그러한 문명의 이기와 달리 책을 읽는다는 것은 여러분에게 또 다른 즐거움과 행복을 안겨줄 겁니다.

나와 생각이 다른 사람과
마음 열고 대화하기

편견을 갖지 않고 중립적인 자세를 견지하는 방법을 배우세요! 호텔에서 일을 하다 보면, 아니 호텔이 아니더라도 앞으로 여러분은 다양한 인종의 사람을 만나고, 다양한 종교를 가진 사람들을 대면할 것이며, 나와 다른 정치적 성향을 가진 친구를 만날 수도 있어요. 그럴 경우 특정한 방향으로 편향된 시각을 가져서는 안 됩니다. 호텔리어는 항상 중립적인 위치에서 다양한 시선으로 모든 사람을 똑같이 대하고 포용해야 할 의무가 있거든요.

건강한
몸 만들기

호텔리어는 기본적으로 몸을 써서 서비스를 제공하는 비즈니스죠. 따라서 건강관리에 힘써야 하고, 특히 술과 담배는 절대 금물입니다. 고객 앞에서 담배 냄새를 피우면 어느 고객이 좋아하겠어요? 여러분의 건강을 위해서라도 담배는 절대 불가한 점 명심하세요.

호텔에 방문해서
사람들 관찰하기

인터넷에서 자기 집 주변의 호텔을 검색해 보고 직접 방문해 보세요. 커피숍에서 커피 한 잔을 시켜놓고 고객들이 어떤 행동을 보이는지 유심히 관찰해 보고, 호텔리어들은 고객을 어떻게 응대하는지도 살펴보세요. 그리고 그 호텔에는 어떤 시설이 있는지 한번 둘러보기도 하고, 여건이 허락한다면 숙박을 해보는 것도 좋겠죠.

세계 유명 호텔
홈페이지 방문하기

인터넷에서 세계의 호텔을 찾아 홈페이지를 방문해 보세요. 앞에서 세계의 특별한 호텔들을 일부 언급하긴 했지만, 그 외에도 세상에는 희한하고 재미있는 콘셉트의 호텔들이 무궁무진하답니다. 인터넷에는 많은 정보와 후기들이 있어서 직접 가보지 않아도 마치 거기에 있는 듯한 얘기들이 넘쳐나니까요. 거기서 더 나아가 그러한 정보들을 메모해서 정리한다면 자신만의 훌륭한 자료집이 될 거예요. 그러면서 여러분들은 호텔리어의 꿈을 키우고, 미래의 멋진 총지배인 혹은 호텔 경영자로 성장할 수 있겠죠.

미래의 호텔리어 여러분!

확신과 자신감으로 미래를 힘차게 열어봅시다.

청소년들의 진로와 직업 탐색을 위한
잡프러포즈 시리즈 56

세계로 향하는
K-서비스
호텔리어

2023년 1월 20일 | 초판 1쇄
2024년 4월 1일 | 초판 2쇄

지은이 | 김기섭
펴낸이 | 유윤선
펴낸곳 | 토크쇼

편집인 | 김수진
표지디자인 | 이희우
본문디자인 | 김정희
마케팅 | 김민영

출판등록 2016년 7월 21일 제2019-000113호
주소 서울시 서초구 나루터로 69, 107호
전화 070-4200-0327
팩스 070-7966-9327
전자우편 myys327@gmail.com
블로그 http://blog.naver.com/talkshowpub
ISBN 979-11-91299-55-7(43190)
정가 15,000원